T0243888

EL PODER DEL ASOMBRO

Título original: *Förundranseffekten*
© Sara Hammarkrantz y Katrin Sandberg, 2020
Ilustraciones: Li Söderberg
Publicado por primera vez en Bonnier Fakta y en español
por acuerdo con Bonnier Rights, Estocolmo, Suecia

© Ediciones Kōan, s.l., 2020
c/ Mar Tirrena, 5, 08918 Badalona
www.koanlibros.com • info@koanlibros.com
ISBN: 978-84-18223-66-2 • Depósito legal: B-3687-2023
© de la traducción del sueco, Marc Jiménez Buzzi, 2022
Maquetación: Cuqui Puig

Impresión y encuadernación: GraphyCems
Impreso en España / *Printed in Spain*

Todos los derechos reservados.
Cualquier forma de reproducción, distribución, comunicación
pública o transformación de esta obra solo puede ser realizada
con la autorización de sus titulares, salvo excepción prevista
por la ley. Diríjase a CEDRO (Centro Español de Derechos
Reprográficos, www.cedro.org) si necesita fotocopiar
o escanear algún fragmento de esta obra.

1ª edición, marzo de 2023

Katrin Sandberg
Sara Hammarkrantz

EL PODER DEL ASOMBRO

*Los efectos del asombro, desde el poder curativo
de las puestas de sol hasta la sensación de que el tiempo
es suficiente: investigación, hechos y experiencias.*

Índice

Un interés común por la psicología de las emociones positivas

En otoño de 2017, Sara Hammarkrantz escribió un artículo acerca de las más recientes investigaciones sobre el asombro, que tiene un gran éxito en las redes sociales, donde es compartido y comentado con frecuencia. Tres años antes había dedicado un libro a la apasionante ciencia de la psicología positiva, y desde entonces ha venido siguiendo sus avances.

En paralelo, Katrin Sandberg ayuda a sus clientes con un modelo de *coaching* desarrollado por ella misma y basado en la identificación de las emociones positivas en los relatos de vida de las personas. Se ha dado cuenta de que sucede algo extraordinario cuando los clientes hablan sobre experiencias de asombro: se llenan de alegría, significado y energía. ¿Cómo puede ser tan fuerte el efecto del asombro?

Ambas autoras son amigas desde hace muchos años y han entablado una conversación que parte de su interés común por la psicología de las emociones positivas y de su curiosidad por los beneficios del asombro. Tomaron, pues, la decisión de aprender todo lo que la investigación en este campo tiene que decir y se empezaron a documentar en profundidad sobre el tema. Los libros y artículos de investigación las han llevado a conocer, poco a poco, a algunos de los investigadores más destacados en este terreno de Estados Unidos y Europa. Y cuanto más han aprendido, más deseos han sentido de compartir estas cosas. Al cabo de medio año, han escrito un libro entero. ¡Ahora es tuyo! ¡Buena lectura!

INTRODUCCIÓN

Sobre el arte de extasiarse con los árboles

l sol se filtra a través del follaje. No hay ninguna sombra bajo los eucaliptos y la corteza gris plateada de los troncos se desprende en grandes tiras. Las hojas coriáceas de color verdeazulado crujen al viento y se vuelven hacia el sol. Se percibe un débil aroma que recuerda a la menta. Debajo hay un grupo de estudiantes que inclinan la cabeza hacia atrás. Sus miradas suben siguiendo los troncos de los árboles hacia arriba, y más allá del follaje ven pasar por el cielo una nube blanca y esponjosa.

Los eucaliptos son fascinantes. Hay más de seiscientas especies en todo el mundo, pero se han convertido en un símbolo particular de Australia. Allí, aproximadamente el 70 por ciento de los bosques son de eucaliptos. En Tasmania, hay un eucalipto gigante que mide casi cien metros, lo que lo convierte en uno de los árboles más altos del mundo.

Las noventa personas que se encuentran junto al grupo de eucaliptos no tienen mucha idea de estas cosas. Se dice que los árboles del campus de la Universidad de California son los más altos de su especie en Norteamérica. Con casi sesenta metros de altura, ofrecen un espectáculo imponente. La mitad del grupo, sin embargo, está sentada con la espalda contra los árboles, mira hacia el edificio gris de una escuela.

Los dos grupos participan en un experimento y hacen lo que les dicen: contemplar los árboles o el edificio durante un minuto. Entonces, una persona se les acerca con un montón de formularios y un recipiente lleno de bolígrafos. Tropieza y los bolígrafos caen al suelo. Varios de los participantes acuden rápidamente en su auxilio y le ayudan a recogerlos, sin sospechar que eso forma parte del experimento.

¿Quiénes crees que fueron a ayudar? Sí, las personas que habían estado mirando los árboles recogieron los bolígrafos en un número significativamente mayor que los que habían estado mirando el anodino edificio. ¿El común denominador? Habían experimentado el asombro. Y eso había hecho que se considerasen «menos», en el sentido de menos importantes, menos centrados en sí mismos. De un modo positivo. También mostraron una tendencia algo mayor a tomar decisiones éticas y a desprenderse del sentimiento de tener derecho a ciertas cosas. Además, pidieron menos dinero por participar en el experimento que el grupo que había mirado el edificio.

Los investigadores vieron una clara relación entre la experiencia del asombro y el aumento del comportamiento social: estas personas se volvían más generosas y mostraban una mayor disposición a ayudar. Es increíble que una experiencia de asombro tan breve, ¡un insignificante minuto!, pueda producir un efecto tan importante!

¡Guau, es increíble!

El asombro o la experiencia de maravillarse sucede de muchas maneras: cuando una puesta de sol nos quita el aliento, cuando nos impresiona la vista majestuosa de las cumbres nevadas en un claro día invernal, nos fascina la capacidad del ser humano de saltar tan alto, correr tan deprisa o levantar tanto peso; nos inspira la pasión de Greta Thunberg o el gran corazón del dalái lama. Maravillarse es escuchar una melodía que nos eleva a grandes alturas, sentirse parte de una multitud en un partido de fútbol o en un concierto, mirar a los ojos de un hijo recién nacido, asistir a la boda de un hijo adulto. Es ver lo bello, lo imposible, lo grande, lo pequeño, lo que ensancha tu mente. Es un «¡Guau, es increíble!», como dijo la poeta Bodil Malmsten.

Y, sin embargo, pese a estas experiencias tan fuertes, el sentimiento del asombro puede experimentarse como algo vago, difícil de identificar. Como si intuyéramos que existe algo más allá de lo aparente. Durante el proceso de la escritura de este libro hemos conocido a distintas personas que asentían y decían que sabían precisamente lo que era el asombro, pero al cabo de un rato surgía la pregunta: «¿Qué es en realidad?». En efecto, ¿qué es el asombro en realidad?

Nosotras mismas hemos dedicado mucho tiempo al sentimiento del asombro y a debatir por qué nos hace sentir bien, pero hasta que no ahondamos en la investigación que existe en este campo, no nos dimos cuenta de que el asombro tiene algo único que darte a ti y al mundo. Resultó ser como un cofre del tesoro, lleno de beneficios. La investigación demuestra cada vez más que el asombro conlleva beneficios físicos y psíquicos, que tiene un impacto positivo en la salud y conlleva mejoras psicosociales. Los efectos del asombro son pasmosos y merece la pena destacarlos ahora mismo. Las personas que experimentan el asombro son en mayor medida:

Más sanas
Menos estresadas
Más presentes
Más inteligentes
Más creativas
Menos egoístas
Más amables
Más generosas
Más conscientes del medio ambiente

Sí, el asombro es un sentimiento importante. ¡Todos lo hemos sentido! Desde tiempos inmemoriales. Y queremos recordártelo. De niños lo sentimos de la forma más natural cuando, con curiosidad y alegría maravillada, descubrimos la genialidad de la construcción de la vida. Es importante no solo para nosotros mismos, sino para la sociedad en general.

El asombro es el sentimiento colectivo más importante, puesto que nos motiva a hacer cosas por nuestro bien común. Según ciertos investigadores, necesitamos más asombro en el mundo, porque necesitamos más personas dispuestas a subordinar sus necesidades en favor de algo mayor. El asombro nos hace ser más amables. Cuando dejamos de pensar en lo que afecta a nuestras vidas particulares y miramos por el bien de todos, tomamos decisiones más inteligentes, sobre todo para las generaciones futuras. Los conflictos y el problema del clima y el medio ambiente son ámbitos en los que podríamos progresar de forma general.

Y el asombro hace que nos sintamos más satisfechos con la vida. No solo nos permite hacer una pausa, sino sentir que tenemos más tiempo. Por si todo esto no fuera suficiente, las personas que experimentan el asombro ven más posibilidades de elección, tienen una visión más serena y adecuada de la existencia y no necesitan tener siempre «razón». También hay estudios que demuestran que esta experiencia puede reducir las inflamaciones en nuestro cuerpo. ¡Esto es realmente inspirador!

Como se ve, el asombro es mucho más que el deslumbramiento ante una puesta de sol. Es un camino hacia la sanación, la empatía, el sentido y la pertenencia. Es estupendo poder experimentar el asombro dos, tres veces por semana de promedio. No se trata solo de experimentarlo una sola vez en la vida, en el nacimiento de un hijo o ante una magnífica visita al Gran Cañón, sino que puede formar parte de nuestra vida cotidiana. La capacidad de maravillarnos es algo que tenemos en común con todas las personas, pero *cómo* y *dónde* experimentas tú el asombro es algo que solo tú sabes, o estás a punto de descubrir.

OCUPADOS CON OTRAS COSAS

Seguramente has empezado a hacerte una idea de todas las cosas positivas que el asombro trae consigo. Cosas que pueden, sin embargo, pasarnos desapercibidas. Vivimos a toda prisa, sin detenernos el tiempo necesario para darnos la posibilidad de maravillarnos. En 2019, una de cada cinco bajas de larga duración en el trabajo se debió al estrés. En los últimos diez años, el absentismo laboral relacionado con la salud mental ha aumentado del 30 al 48 por ciento. Intentamos encontrar espacios para nosotros mismos en nuestra vida, pero nos hundimos en una vorágine de cambios de pañales, cambios de carrera, planes de pensiones, listas de cosas por hacer, sesiones de entrenamiento y lavadoras. Seguro que has oído hablar de lo importante que resulta el descanso, pero puede que incluso eso se haya convertido para algunas personas en una obligación más que añadir a su larga lista de tareas: hacer yoga, meditar, entrenar, dormir, caminar mil pasos al día, observar la respiración, comer bien. ¿Cómo vamos a tener tiempo de hacer todo eso?

Muchas de las experiencias de asombro de la vida cotidiana nos pasan desapercibidas mientras vamos corriendo a nuestra próxima reunión o andamos con la cabeza pegada al teléfono móvil. Estos dispositivos inteligentes nos roban un tercio de nuestros días. Esto, sumado a otras muchas circunstancias, hace que nos aislemos de los demás. El individualismo crece. Según el *World Values Survey 2015*, Suecia es el país con mayor individualismo, en combinación con valores más seculares. Aumenta la soledad no deseada, que se ha demostrado que es más peligrosa incluso que el tabaco, el alcohol y el sobrepeso.

Quizá no resulte tan extraño que ya no nos sintamos tan cautivados por el arte y la música o que el contacto con la naturaleza haya sido sustituido por el consumismo. Las compras se han convertido en una caza de indicadores de estatus que deben reforzar y mantener nuestra imagen de nosotros mismos, en lugar de satisfacer nuestras necesidades básicas. Es de este modo que nos estamos perdiendo algo muy valioso mientras estamos ocupados haciendo otras cosas. En un mundo impulsado por el rendimiento que todo lo mide por los resultados, es fácil que la vida pierda su brillo. Donde se ha impuesto el estrés no queda lugar para el asombro.

UNA ZONA LIBRE DE ESTRÉS

Ansiamos que la vida tenga un sentido. Y anhelamos una pausa, un espacio para respirar. Simplemente, ha llegado el momento de dejar que el asombro tenga más espacio en nuestra vida. Para dar una inyección de vitaminas a nuestras rutinas cotidianas. Y dejar que influya de forma positiva en nuestra salud, en nuestra forma de ser y de pensar.

Lo bueno del asombro es que te aporta un placer exclusivamente propio. Lo experimentas sin esfuerzo ni exigencias de lograr nada, y es gratis. Un breve descanso y un empujón siempre que lo necesites. La mirada se ablanda, el pulso se aminora, la respiración se relaja y tus niveles de estrés descienden.

Desde luego, el asombro no es la única medicina contra problemas contemporáneos como la mala salud mental, pero sin duda se trata de un *airbag* contra el agotamiento, el estrés y la inquietud. Considera el asombro como una zona libre de estrés, donde puedes aterrizar y recargar, para ver el mundo con una mirada renovada. Un momento en que obtienes todos los beneficios que normalmente proporciona el *mindfulness*, pero sin necesidad de hacer ningún esfuerzo para lograrlos. Un investigador al que conocimos llamó al asombro «*mindfulness* automático». Nos gustó.

Antes de empezar a leer

Nuestra curiosidad nos llevó a hacer un viaje por el mundo del asombro: visitamos lugares y personas, leímos libros y artículos de investigación, vimos conferencias y escuchamos *podcasts*. Pero antes de compartir nuestros hallazgos, queremos decir algo más acerca de lo que hemos pretendido con el contenido y la organización de este libro.

La investigación sobre el asombro tiene apenas veinte años, y en el contexto científico esto es muy poco tiempo. El interés explotó en la década del 2000 —se trata de un territorio en crecimiento—, pero los estudios realizados hasta ahora tienen que repetirse para comprobar que se obtienen otra vez los mismos resultados y demostrar la certeza de sus efectos. Además, es necesario realizar estudios a lo largo del tiempo.

En la mayoría de los casos, los hechos en los que se basa el presente libro proceden de unos pocos estudios, o incluso de uno solo. Los estudios se han llevado a cabo sobre todo en Estados Unidos, China, Países Bajos, Italia, España o Canadá. Como en todo campo de investigación incipiente, lo que ahora se sabe puede cambiar en el futuro. Y sin embargo, lo que se ha averiguado hasta la fecha es tan fascinante y aporta tantos beneficios potenciales que queremos compartirlo contigo. Léelo y haz la prueba tú mismo.

Hemos conocido y entrevistado a muchos investigadores de este ámbito. Son, en cierto modo, pioneros y visionarios dentro de la psicología y la ciencia del comportamiento, pero hay una persona que ha significado para nosotras más que nadie a la hora de comprender cuán importante puede ser el asombro en nuestra vida. Se trata del profesor de psicología Dacher Keltner, de la Universidad de California (Berkeley), conocido internacionalmente como uno de los mayores expertos sobre las emociones positivas en general y sobre el asombro en particular. Keltner centra sus estudios en la compasión, el asombro, el amor y la belleza, además del poder, la clase y las injusticias sociales, y ha escrito más de doscientos artículos de investigación. Además, ha conseguido difundir las investigaciones sobre psicología positiva a través del Greater Good Science Center, una institución fundada por él mismo. La página web de este centro ha registrado más de diez millones de visitas. Su *podcast*, The Science of Meaning, ha tenido diez millones de descargas. Junto con una veintena de doctorandos, Keltner investiga en el Berkeley Social Interaction Lab.

Dacher Keltner ocupaba el primer lugar en nuestra lista de personas para entrevistar. Viajamos a México para participar en su curso Awe, Wonder and Curiosity (Asombro, maravilla y curiosidad). En Estados Unidos nos reunimos también con Michelle Lani Shiota, catedrática adjunta en Psicología Social que realizó el primer estudio sobre el asombro y que ahora dirige el SPLAT Lab (The Shiota Psychophysiology Laboratory for Affective Testing) de la Universidad Estatal de Arizona. Además, hemos entrevistado a otros muchos investigadores tanto en Estados Unidos como en Europa.

Para facilitar la lectura del libro, solo presentaremos a los investigadores con su nombre y su título la primera vez que aparecen. Nos hemos abstenido de nombrar a cada uno de los investigadores, así como los estudios que han realizado y las universidades en las que investigan, pero para aquellos que deseen ahondar y saber más, hay una lista de referencias completa al final del libro. También presentaremos al lector a siete personas que hacen del asombro la fuerza motriz de su vida, gente para quienes constituye una brújula y el fundamento de sus valores. Llamamos a estas personas *wonderjunkies*, inspiradas, en primer lugar, por el astrofísico Carl Sagan, que fue quien acuñó este concepto, pero también por Jason Silva, el misionero actual del asombro.

Te animamos a leer el libro para descubrir todos los beneficios del asombro. Si quieres conocer los efectos del asombro y saber qué dice la ciencia, ve directamente a la página 33. Si, en cambio, quieres conocer la experiencia, ve a la tercera parte, «Las fuentes del asombro», que empieza en la página 63. Si quieres leerlo en orden, pasa a la página siguiente. Empezaremos describiendo con más detalle cómo se define y cómo puede identificarse esta emoción. Vamos a entreabrir la puerta de la historia del asombro, cuyas huellas se remontan mucho tiempo atrás...

Sobre el asombro y la maravilla

[...]
El asombro es en mi vocabulario una palabra enteramente bella.
Uno no se asombra sobre lo que hace al mundo más pequeño y más oscuro.
Uno no se asombra sobre Auschwitz.
Para eso hay otras palabras, o ninguna palabra en absoluto.
Uno se asombra sobre lo que hace al mundo un poco más grande y luminoso.
Asombrarse es revivir un poco, quizá simplemente alcanzar a ver un vislumbre de algo que, si la expresión no estuviera tan manoseada, cabría llamar el sentido de la vida.
Vivir, creo, es tener el privilegio de poder asombrarse por un breve momento.
El asombro y la maravilla.
El asombro es una de las pocas cosas que nos gusta que nos golpeen.
Una persona que despierta nuestro asombro suele ser una persona que agradecemos haber llegado a conocer.
[...]

Puede parecer infantil, pero a mí todavía me asombra que la sociedad funcione, que salga agua del grifo, caliente y fría, y electricidad cuando presionamos el interruptor, y que ahora llegue Internet de algún lugar, no sabemos bien cómo, y que recojan la basura, y que haya pan y naranjas en las tiendas, y que personas desconocidas a veces se sonrían por la calle, y que se pueda confiar medianamente en que los autobuses y los trenes y los bancos funcionen y que lo que funciona hoy también vaya a funcionar mañana.

[...]

Poder asombrarse, se me ocurre, es no dar nunca nada por descontado.

Los que todavía se asombran de que cada mañana haya comida sobre la mesa, y quizá la bendicen, todavía tienen algo que enseñar.

Göran Rosenberg

PRIMERA PARTE
¡Guau! Esto es el asombro

Se puede describir el asombro como algo tan grande, abrumador e incomprensible que resulta difícil de asimilar. Dacher Keltner y Jonathan Haidt, psicólogo social y profesor de Liderazgo Ético, lo definieron de una manera aún más concreta en un estudio pionero de 2003. Llegaron a la conclusión de que el asombro es, en parte, el sentimiento de la grandeza entendida como infinitud e inmensidad y, en parte, el proceso mental que se produce en nosotros cuando tenemos que cambiar nuestra (anterior) comprensión de nosotros mismos o del mundo como consecuencia de la nueva información. Esto nos ayuda a distinguir la emoción del asombro de otros sentimientos cercanos como la admiración, la sorpresa o la alegría. Para los investigadores, la definición es importante, puesto que tienen que saber exactamente qué estudian y porque de este modo pueden compararse los estudios de distintos investigadores. Para los que andamos en búsqueda del sentimiento, también es importante saber exactamente qué es lo que estamos buscando.

Sobre todo, hay dos cosas que son centrales en la experiencia del asombro:

La experiencia de la grandeza

«Estoy completamente abrumado, apenas puedo asimilarlo todo.»

Hablamos de grandeza cuando experimentamos algo que es más grande que nosotros mismos. Todos nosotros hemos mirado el firmamento o valles de muchos kilómetros de extensión y la hemos experimentado. Nos hemos sentido más pequeños, y al mismo tiempo, parte de algo más grande. La experiencia puede ser meramente física, como cuando estás en el bosque y levantas la vista hacia algunos árboles muy altos. Puede ser acústica, frente al estampido de un trueno o la música retumbante de un órgano. O intelectual, cuando te quedas completamente pasmado ante una idea nueva o un descubrimiento científico. La grandeza también puede ser social. Es posible experimentarla cuando conocemos a alguien que admiramos, sea escuchar hablar a la activista Malala Yousafzai, sea sentarse al lado de una celebridad en una cena o sentir respeto ante un referente. O podríamos hablar de la grandeza de formar parte de una comunidad, como cuando suena nuestro himno nacional antes de un partido de fútbol.

La necesidad de comprensión

«¿Cómo voy a poder cambiar mi forma de pensar?»

No puedes conceptualizar lo que ocurre. El cerebro no encuentra ninguna correspondencia con lo que ya conoce. Estás completamente pasmado ante algo que nunca habías creído que fuera posible, o sientes una profunda humildad ante el milagro de la vida. Esto origina una lucha mental que afecta al conocimiento, cuando algo o alguien te empuja más allá de los límites de lo que sabías o creías que era posible. Apunta a la necesidad de cambiar nuestra forma de comprender y/o de pensar, algo que no siempre se consigue. Usain Bolt redefinió lo que era físicamente posible cuando en 2009 situó el récord mundial de los cien metros lisos en los 9,58 segundos. Frente a esto, hemos tenido que cambiar la verdad comúnmente aceptada de que no es posible correr cien metros en menos de diez segundos. Lo mismo ha sucedido con el pequeño paso que Armstrong dio en la luna, ese gran salto técnico para la humanidad, o nos sucede cuando nos preguntamos: ¿cómo se construyeron las pirámides? O quizá cuando tu hija toca inesperadamente un aria entera al piano. Experimentas algo nuevo, intentas hacerlo encajar, sin éxito, en tu mundo, y de este modo incorporas un conocimiento nuevo y tu perspectiva sobre la vida se ensancha.

Quizá acabas de hacerlo ahora mismo, al aprender algo que te ha dado una perspectiva nueva sobre la vida. El asombro tiene la capacidad de producir cambios de una importancia decisiva, pero también puede despertar el entusiasmo por los pequeños «milagros» que suceden en nuestra vida cotidiana. Porque es importante recordar que, aunque unas palabras tan altisonantes como *abrumador, ampliación de la mente, aumento del conocimiento* y *transformación de la vida* casi siempre se se asocian a grandes momentos, este sentimiento también se produce ante las cosas pequeñas. Porque es posible asombrarse al ver cómo la abeja sabe encontrar el camino de vuelta a su colmena o que el sol sale cada mañana. O al notar cómo se te pone la piel de gallina cuando, sentado en tu sillón favorito, escuchas una música que te conmueve.

OTRAS PISTAS

Keltner y Haidt pusieron en marcha un campo de investigación completamente nuevo. Desde que se publicó su artículo se han realizado gran cantidad de estudios y la investigación ha entrado en una nueva etapa. Esto ha traído aparejada la necesidad de poder medir la experiencia. Por eso, en 2018, se creó *The Awe Measurement Scale* (la escala de medición del asombro). Se han añadido algunos parámetros más a la definición original, dada la naturaleza compleja de este sentimiento. A experimentar la grandeza y a la necesidad de comprensión, se han sumado:

La transformación de la noción del tiempo. El asombro hace que las personas experimenten que el tiempo transcurre más lentamente. «Es como si tuviera más tiempo.»

La disminución del yo. El asombro hace que nos sintamos más pequeños en comparación con la grandeza de la experiencia. No estamos tan centrados en nosotros mismos. «Mi ego no es tan importante en el gran conjunto.»

La solidaridad. Cuando estamos menos centrados en nosotros mismos, miramos hacia fuera y nos sentimos cercanos a los demás. «Me siento parte de algo más grande.»

Sensaciones físicas. La experiencia del asombro se siente en el cuerpo. Se te pone la piel de gallina, sientes escalofríos, te quedas boquiabierto, se te llenan los ojos de lágrimas. «¡Oh, me estremezco!»

Estos puntos son adiciones muy necesarias e importantes para la investigación. En el siguiente capítulo centraremos nuestra atención en las sensaciones físicas. Trataremos de entender cómo se manifiesta el asombro desde el punto de vista puramente físico. En realidad, se trata de una emoción muy difícil de disimular. Hablaremos de todas sus manifestaciones, desde la piel de gallina hasta la boca abierta.

Así se manifiesta el asombro

La palabra que designa el asombro está representada en la gran mayoría de las lenguas del mundo, y un mapa de Facebook de 122 países muestra que el emoji de la cara de asombro es utilizado por montones de personas. Como otras emociones, el asombro se puede identificar por medio de expresiones sonoras y faciales. Seguro que no te costará nada imaginar la cara de una persona enfadada, triste o sorprendida. Se dice que la cara es el espejo del alma. A menudo, las expresiones de las emociones son universales, y algunas de ellas se han estudiado durante mucho tiempo. Para conocer mejor el sentimiento del asombro, ha sido importante definir cómo se expresa. El Berkeley Social Interaction Lab ha sido el responsable de la mayoría de las principales interpretaciones. Su trabajo ha sido esencial para la investigación sobre el asombro, ya que muchos estudios sobre esta emoción han utilizado el análisis de la cara como una parte importante de sus observaciones. El centro también ha sido convocado en calidad de experto por empresas como Google, Facebook y Pixar, cuando estas han necesitado ayuda a la hora de representar emociones y expresiones faciales. El emoji de «guau», la representación perfecta del asombro, es el resultado de esta colaboración.

¿Y qué es lo que han descubierto? Han registrado, por ejemplo, las expresiones sonoras del asombro, y de este modo han identificado los sonidos que producimos. Han analizado y definido las expresiones faciales y corporales para demostrar cómo el asombro se diferencia de otros sentimientos, y las diferencias son notables. A continuación, presentamos las tres formas en que se expresa el asombro:

Expresión sonora

Durante millones de años, los seres humanos han utilizado expresiones sonoras no verbales. Estos breves «sonidos» se llaman interjecciones. Decodificarlas nos lleva solamente algunos segundos, y revelan más de lo que creemos. Representan nuestros sentimientos más íntimos. Como casi siempre se producen de forma espontánea, es muy difícil simularlas. Pero ¿cómo suena el asombro? Este sentimiento tiene sus propios sonidos: «Aaah», «Oooh», «Guaaau». Los reconoces, ¿no es cierto? Con el sonido «Oooh» se ha relacionado también el sonido de una fuerte inspiración. Coger aire de forma perceptible puede ser parte del «sonido» del asombro. Los investigadores también han examinado si el asombro se expresa del mismo modo en todo el mundo. En amplios estudios que abarcan desde culturas globalizadas hasta una aldea remota de Bután, se ha comprobado que una expresión sonora que suena de forma similar a «guau» podría vincularse con el sentimiento de asombro.

Expresión corporal

Escuchas tu canción favorita y de repente se te llenan los ojos de lágrimas. Ves una película y el discurso del héroe a su pueblo te causa una fuerte impresión, se te eriza el vello de los brazos. Participas en una manifestación y sientes un cosquilleo en la columna vertebral. Una oleada de calidez te inunda el pecho. Esta es la forma que tiene el cuerpo de expresar el asombro. Otra característica es que nos inclinamos hacia delante, especialmente con la cabeza.

La expresión corporal más fuerte es sin duda la piel de gallina, por lo que en muchos estudios se usa como indicador del asombro. Se instala una cámara especial en el brazo que filma la piel, y, ¡zas!, ya se tiene la prueba gráfica. En un estudio, los participantes tuvieron que anotar cada vez que se les ponía la piel de gallina. La mayor parte de las veces ocurrió cuando tenían frío, pero, en segundo lugar, sucedió cuando sintieron asombro. Una parte de los investigadores considera que se nos pone la piel de gallina porque tenemos miedo, que nos erizamos como protección, pero Dacher Keltner opina que, puesto que a los seres humanos a menudo se nos pone la piel de gallina cuando nos sentimos en contacto con algo más grande o unidos a otras personas, es de suponer que la piel de gallina también puede aparecer como consecuencia de algo que tenga connotaciones positivas.

Los investigadores creen que, cuando sentimos asombro, inclinar la cabeza hacia delante y abrir los ojos nos ayuda a recibir nueva información, lo que constituye una parte del proceso cognitivo cuando intentamos interpretar y entender la experiencia. La rápida inspiración y la boca abierta pueden ser intentos de reducir la excitación fisiológica, es decir, una ingeniosa manera que tiene el cuerpo para compensar. Cuando nos sentimos demasiado impresionados por lo inexplicable se ponen en marcha unos procesos cognitivos que son necesarios para asimilar y aprender lo nuevo. Así, respiramos y abrimos la boca para respaldar la actividad mental.

Expresión facial

Los sentimientos se reflejan en la cara, queramos o no. En el caso del asombro es especialmente interesante, porque este aspecto lo distingue de otras emociones positivas. ¿Has pensado qué cara pones cuando experimentas asombro? Lo más característico no es sonreír, como suele ocurrir cuando nos sentimos alegres, animados, amorosos, empáticos, etcétera. Con el asombro, en cambio, se abre y se relaja la boca, también se abren los ojos de par en par y se levantan las cejas. Te quedas boquiabierto, con los ojos como dos pelotas de golf y las cejas levantadas hasta el nacimiento del pelo. Sí, probablemente esta sea la cara que pones cuando ves a tu corredor favorito romper las barreras del tiempo y establecer un nuevo récord del mundo. Sin embargo, aunque muchas culturas tienen formas parecidas de expresar el asombro, a veces hay algunas diferencias. Los indios, por ejemplo, arrugan el labio superior con la boca abierta.

El asombro positivo y el negativo

Hay muchos indicios de que el asombro como experiencia y sentimiento es tan antiguo como el ancestro más antiguo del ser humano, los simios; es decir, que tiene un par de millones de años. ¿Sabías que los chimpancés trepan a las cimas de los árboles al amanecer para ver salir el sol y que se les pone la piel de gallina igual que a nosotros?

En los documentos escritos encontramos que ya en la antigua Grecia los primeros filósofos afirmaban que el origen de toda filosofía es el asombro. Hallamos esta idea en los textos de Aristóteles, aunque es atribuida originariamente a Platón. El asombro, pues, era un concepto positivo que se relacionaba con las grandes preguntas de la vida. Sin embargo, a lo largo de la historia, la palabra y el sentimiento del asombro han aparecido sobre todo en un contexto religioso, en donde se ha utilizado esta palabra para describir la fusión de temor y reverencia que el ser humano sentía ante Dios. Seguro que conoces muchos relatos religiosos en los que el protagonista se encuentra ante un Dios terrorífico. Encontrarse frente a un poder superior, tener una experiencia impresionante y abrumadora que obliga a cambiar la propia concepción de la vida: así es como el asombro se expresa durante este período. Como una mezcla de espanto y fascinación.

La palabra inglesa para asombro, *awe*, surgió en algún momento entre el siglo IX y el XV. Procede de la palabra del nórdico antiguo *agi*, que significaba precisamente temor o inquietud. Por ejemplo, en el siglo XIV, la eremita y mística inglesa Juliana de Norwich escribió sobre un asombro sagrado que integraba el amor y el temor. Y la iglesia alentó el sentido más oscuro del asombro. Pero desde mediados del siglo XVIII, el sentido de la palabra empezó a aclararse de nuevo.

El político y filósofo angloirlandés Edmund Burke cambió drásticamente el sentido del asombro con su interés por lo bello y lo sublime. Para Burke, la naturaleza era lo más sublime, ya que comprendió que era capaz de provocar sensaciones muy fuertes en quienes la contemplaban. Afirmó que la arquitectura, el arte, la poesía, la literatura y la música podían despertar un estado parecido de asombro. Esta interpretación romántica —y mucho más amplia y positiva— abría una nueva perspectiva que los artistas y los escritores no tardaron en adoptar. Se empezó a celebrar la naturaleza por sus fuerzas trascendentales, es decir, por aquello que se encuentra más allá de los límites del conocimiento humano.

El romanticismo ha sido, en este sentido, un largo período de «asombro positivo». En 1836, Ralph Waldo Emerson, uno de los principales defensores del transcendentalismo, escribió sobre la fuerte influencia que el bosque ejercía sobre él: «De pie sobre la tierra desnuda, la cabeza bañada por el aire fresco y elevada al espacio infinito, todo el egoísmo mezquino desaparece. Me vuelvo un ojo transparente; no soy nada; lo veo todo; un ser universal fluye a través de mí; soy una parte o un enviado de Dios».

Pero pasaron más de cien años hasta que apareció un concepto que encaja con el significado actual del asombro, un concepto que seguramente reconocerás mejor. Sucedió en la década de 1950, cuando el psicólogo Abraham Maslow definió la experiencia cumbre (*peak experience*). En esa experiencia, describió veinticinco funciones distintas que concuerdan con los efectos del asombro: perdemos la dimensión del tiempo y el espacio, nos despegamos de nuestro ego y nos olvidamos de nosotros mismos, percibimos el mundo como bueno, bello y deseable, nos volvemos pasivamente receptivos y humildes, sentimos que la polaridad y otras oposiciones han desaparecido o se han disuelto, nos sentimos felices u honrados.

La religión y la filosofía han explorado a fondo la materia a lo largo de los siglos, pero la psicología no se ha ocupado de ella. Después de Maslow, pasó otra media década antes de que el interés por el asombro volviera a tomar impulso.

El paso decisivo lo dieron Dacher Keltner y Jonathan Haidt cuando tomaron la decisión de revisar y analizar todo lo que se había escrito anteriormente sobre el asombro. No obstante, al definirlo, no distinguen si el asombro es una experiencia positiva o negativa.

Habiendo hecho este repaso histórico, sentimos curiosidad por saber qué cantidad de miedo sigue habiendo en el asombro. Hoy en día, la mayoría de los investigadores de este campo concuerdan en que entre el veinte y el veinticinco por ciento de la experiencia es negativo, es decir, tiene como origen el miedo. Se refieren a esto como «el lado oscuro del asombro» (*the dark side of awe*). Puede producirse al escuchar a un líder carismático (pensemos en Hitler), al mirar un paisaje bombardeado o al encontrarnos en medio de una tormenta, con truenos y relámpagos. Para explorar «el lado oscuro» del asombro se han empezado a investigar las combinaciones entre el asombro y el miedo/terror. En un estudio, por ejemplo, se vio que este tipo de asombro puede conducir a un comportamiento perjudicial, como por ejemplo el racismo dirigido contra grupos marginales.

Hay una investigadora que ve el asombro como algo únicamente positivo: Lani Shiota. Pertenece al grupo de los investigadores que están convencidos de que el asombro solo es producido por estímulos positivos, y en ningún caso por acontecimientos u otras cosas que nos hacen sentir miedo o espanto (como, por dar un ejemplo, los fenómenos naturales amenazadores). Shiota cree que, si hay miedo, no hay asombro. En los casi quince años de su investigación no ha encontrado nunca el miedo combinado con el asombro.

En este libro nos centraremos en el asombro positivo. La razón es que solo hay un número reducido de estudios que muestran los efectos del asombro negativo. La mayor parte de la investigación se ha dedicado al asombro positivo, y queremos compartir con vosotros los efectos del asombro beneficiosos y esperanzadores.

Más que un bolso Gucci

«El asombro se ha considerado el bolso Gucci de los sentimientos. Sin duda, está muy bien si te lo puedes permitir, pero ese bolso no es en realidad algo que necesitemos. Creo que esta postura refleja un profundo malentendido acerca de cómo valoramos los beneficios que los sentimientos pueden aportarnos.» Eso dice Lani Shiota, con quien tomamos un café en una brumosa San Francisco. Nos cuenta que durante mucho tiempo otros investigadores hicieron a un lado este sentimiento, como quien hace a un lado un lujo del que se puede prescindir fácilmente, en beneficio de otros sentimientos «necesarios». Sin embargo, y a medida que se ahonda en el conocimiento, cobra cada vez más relieve la pregunta de si el asombro no ha tenido también un papel esencial en la evolución. Hoy en día son cada vez más los investigadores que adoptan esta posición y que creen que el asombro es un sentimiento que desempeña un papel mucho más importante de lo que creíamos. Lani Shiota se ha formulado la pregunta de si es posible que el asombro tenga una función tan importante como las que atribuimos a muchas otras de las llamadas emociones básicas. Shiota cree que lo significativo de algunas de nuestras emociones más primarias es que mandan una clara señal sobre el comportamiento que más nos conviene expresar en una situación concreta. El miedo, por ejemplo, ha implicado la evitación (y a veces la huida) del peligro físico, mientras que la emoción del asco nos ha ayudado a evitar el contagio de personas enfermas o comida estropeada. Un sentimiento como el amor ha facilitado nuestra capacidad de entablar relaciones cercanas y reproducirnos, algo de lo que dependemos completamente, puesto que es en grupos y gracias a la solidaridad como sobrevivimos como especie.

¿Qué sucede entonces con el asombro? ¿Tiene alguna función? Sí, quizá. Como hemos dicho antes, el asombro es una emoción que no nos hace sonreír, y eso indica que su función no consiste necesariamente en la creación de relaciones o vínculos sociales, sino más bien en algo completamente distinto.

Shiota está siguiendo esta pista. Ha hecho un descubrimiento que puede implicar una pequeña revolución. Nuestro sistema nervioso central, que consta del sistema nervioso simpático y el parasimpático, se extiende por todo el cuerpo. Envía instrucciones a una gran cantidad de órganos y envía información de vuelta al cerebro. Como hemos dicho antes, ciertas emociones son exhortatorias: o bien activan nuestro modo de lucha o huida, es decir, el sistema nervioso simpático que nos hace actuar, o bien activan nuestro modo de descanso y digestión, el sistema nervioso parasimpático. Pero cuando experimentamos asombro ocurre algo totalmente excepcional.

Lo que Shiota registró, sorprendida, es que cuando las personas experimentan el asombro, el sistema nervioso simpático y el parasimpático reducen su actividad en la parte que afecta al corazón, aunque sin detenerse del todo. Sí, por un momento, los dos sistemas nerviosos entran en una especie de ralentí: el modo de lucha o huida baja un nivel y «se encuentra» con el modo de descanso y digestión. En ese momento, ninguno de los dos sistemas domina. Y eso, que sepamos, no ocurre en ningún otro momento salvo después de un orgasmo.

¿Qué conclusiones se pueden sacar del hecho de que no sonriamos y de que los dos sistemas nerviosos se encuentren en el «mismo estado» por un momento? La teoría de Shiota es que la función primaria del asombro *no* es poner en marcha un movimiento, como tocar o dirigirnos hacia las personas o cosas que deseamos, que es el tipo de comportamiento que las emociones suelen producir. Según Shiota, el papel del asombro puede ser, en cambio, hacer que nos detengamos, que nos tomemos una pausa.

Nos recuerda, además, que, a diferencia de lo que quizá aprendimos en la escuela, los dos sistemas nerviosos no se ponen en marcha o se detienen, sino que siempre están más o menos activos. Lo que sucede es que ambos sistemas se equilibran mutuamente: cuando uno baja, el otro sube. Como decíamos más arriba, no es esto lo que sucede con el asombro. La tesis de Shiota, además, propone que la parte del sistema nervioso que se ve afectada es la que está conectada directamente con el corazón.

Con total independencia de la investigación de Shiota, Michiel van Elk, un catedrático neerlandés en neurociencia cognitiva, ha señalado lo que ocurre en el cerebro. Con ayuda de escáneres IRMf (imagen por resonancia magnética funcional), ha podido ver cómo se reducía la actividad en la parte del cerebro que se asocia con el ego, es decir, la parte encargada del pensamiento egocéntrico y de la autorreflexión. Esta región se llama «red por defecto» (*Default Mode Network*) y se comporta de modo similar a lo que Shiota constató con el sistema nervioso. Se produce algo que se parece a una breve pausa. Todo indica que la respuesta automática del cuerpo —en lo que concierne tanto al cerebro como al sistema nervioso— es ralentizarse cuando experimentamos el asombro. Es lo que Lani Shiota llama *mindfulness* automático.

A qué tenemos acceso durante el «punto muerto»? Shiota cree que el asombro abre la posibilidad de un nuevo pensamiento cognitivo. Al detener un momento el sistema, podemos acceder a otras partes del cerebro. Se nos da la posibilidad de cambiar las vías del pensamiento. Si otras emociones han creado las condiciones para las estructuras sociales (es el caso del amor) y la pura supervivencia (el miedo, la rabia, el asco), la función del asombro —detenernos— tal vez nos ha permitido poner en cuestión lo que sabemos, ver nuevas posibilidades y desarrollar cosas nuevas. El asombro nos ayuda a tomar consciencia de lo que *no* sabemos y crea un movimiento hacia el aprendizaje. O la investigación. ¿Ha sido el asombro lo que a lo largo de la historia ha motivado los descubrimientos del ser humano? ¿Es posible que el asombro frente al mar, las constelaciones y el gran misterio de la Tierra haya impulsado a algunos de nosotros a embarcarse en un viaje de descubrimiento para ver si había algo más (pese a que se les había enseñado que la Tierra era plana)?

Existen diversas teorías acerca del papel del asombro en la evolución. Una parte de los investigadores opinan que el asombro ha hecho posible una disposición a cuidar al otro. Nos dirigimos hacia fuera y nos volvemos más generosos. Los efectos prosociales han hecho que nos unamos en grupos, pueblos, comunidades, lo que nos ha permitido evolucionar y sobrevivir como especie. Otros investigadores destacan el respeto y la veneración a los líderes fuertes y afirman que este tipo de asombro creó vínculos sociales entre los seres humanos, algo necesario para sobrevivir como grupo. Otra teoría es que el asombro ha tenido un rol importante a la hora de ayudar a las personas a encontrar lugares seguros en los que hallar protección (como situar los campamentos en lugares altos con vistas panorámicas del entorno, para poder detectar más fácilmente la aproximación de depredadores o enemigos). Todavía hoy la mayoría de las personas dicen sentir asombro cuando se encuentran a grandes alturas y contemplan vastos panoramas. ¿Qué es primero, el huevo o la gallina?

Seguramente las investigaciones futuras ampliarán el conocimiento que tenemos sobre el papel del asombro en la evolución. Sin embargo, existe un consenso acerca de que ha desempeñado un rol mucho más importante del que creíamos. No podemos soslayar el asombro como si fuera un artículo de lujo, aunque experimentarlo sea un lujo en sí mismo.

SEGUNDA PARTE
Los efectos del asombro

magínate que, después de leer este libro, te dejas deslumbrar por el firmamento y, con un destello de picardía en los ojos, piensas: «Ahora me estoy curando» o «Me estoy volviendo más inteligente». El asombro es un sentimiento único. Proporciona placer en el momento y salud a la larga. Experimentarlo trae múltiples recompensas. Y no exige que hagas nada a cambio. Cuando te asombras, todo lo demás ocurre por sí solo. No tienes que entrenar, no tienes que invertir un montón de tiempo. Es completamente gratis y no exige ningún esfuerzo.

Como hemos dicho anteriormente, las personas que experimentan el asombro suelen ser más sanas, menos estresadas, más inteligentes, más creativas, menos egoístas, más amables y más generosas. Y, por si todo esto no fuera suficiente, sienten que tienen más tiempo y toman decisiones más respetuosas con el medio ambiente. Sí, el tiempo de los milagros no ha pasado, y nos hace feliz que en este capítulo por fin tengamos la ocasión de explicar cómo una única emoción puede tener tantos efectos beneficiosos para la salud y un potencial tan grande para transformar la sociedad.

Estarás más sano

Desafío: el estrés y el (mal) estilo de vida pueden provocar inflamaciones de baja intensidad, lo que a su vez contribuye al deterioro del estado de salud general y a la aparición de diabetes tipo 2, enfermedades cardíacas, artrosis y alzhéimer.

Efecto del asombro: reduce el grado de la inflamación y refuerza el nervio vago, es decir, previene las enfermedades.

¿Pueden las vistosas puestas de sol y los resplandecientes arcoíris tener propiedades curativas, como, por ejemplo, reducir las inflamaciones del cuerpo? Hay muchos indicios de que sí. En un estudio, se les pidió a doscientas personas que informaran cuántas veces en un día experimentaban emociones positivas como la alegría, la maravilla y el asombro, la compasión, la satisfacción, la diversión, el amor y el orgullo. Muestras de saliva mostraron que quienes experimentaban emociones positivas con más frecuencia que otros —y especialmente el asombro— tenían niveles más bajos de citoquinas proinflamatorias, también conocidas como interleucinas (IL-6). Esto es un marcador que indica el nivel de inflamación en el cuerpo: de forma simplificada, a mayor cantidad de citoquinas proinflamatorias, más inflamación; y a menor cantidad, menos inflamación. Las citoquinas son mensajeras hormonales que le indican al cuerpo que debe activar el sistema inmunitario y se ponen a trabajar de forma más intensa cuando el cuerpo sufre algún ataque, dirigiendo células a las zonas afectadas. Normalmente, esta es la mejor ayuda que podemos obtener de nuestro cuerpo. Muchas veces, las citoquinas nos salvan la vida al prevenir infecciones y enfermedades. Sin embargo, tener constantemente altos niveles de citoquinas proinflamatorias no es tan bueno. Eso señala un grado de inflamación de baja intensidad, y un número creciente de enfermedades como la diabetes tipo 2, las enfermedades cardíacas, la artrosis y el alzhéimer están relacionadas con la inflamación del organismo.

Jennifer Stellar, catedrática de psicología, y Neha John-Henderson, catedrático de neurociencia, están detrás de este estudio innovador. En los últimos años se ha abierto un gran debate sobre los riesgos de las inflamaciones de baja intensidad y acerca de si, por ejemplo, una dieta antiinflamatoria puede reducirlos. Este descubrimiento allanó el camino para seguir explorando sobre el modo como las emociones positivas afectan a nuestro bienestar. Que el asombro, el entusiasmo y la belleza creen niveles de citoquinas más saludables muestra, según los investigadores, que las actividades mediante las cuales las experimentamos —caminar en la naturaleza, perdernos en una pieza musical, contemplar obras de arte— tienen un impacto directo en nuestra salud y esperanza de vida.

Aunque el estudio muestra la posibilidad de contrarrestar el grado de inflamación, todavía es muy difícil determinar lo que ocurre primero: ¿son las emociones experimentadas, como el asombro, las que reducen los niveles de citoquinas? ¿O, por el contrario, los niveles bajos de citoquinas hacen que las personas sientan emociones positivas? Ahora se sabe con certeza que existe un vínculo, pero se necesita mucha más investigación. Dado el gran interés que existe acerca de la disminución de la inflamación, es extraño que no se hayan realizado muchos más estudios. Según Jennifer Stellar y Neha John-Henderson, la razón es que estos experimentos son costosos, requieren tecnología avanzada y la colaboración entre distintas disciplinas científicas.

EL NERVIO VAGO, NUESTRO DIAPASÓN ANCESTRAL

El asombro da escalofríos y pone la piel de gallina, y puede experimentarse como una cálida oleada que se extiende por el pecho. Sin duda, una señal de que el nervio vago se activa, según Dacher Keltner. Esto es importante, porque si nuestro nervio vago tiene un tono fuerte, entonces solemos tener buena salud. Pero puede que te preguntes qué es el nervio vago. ¿Y el tono? Entremos en detalle. Hasta hace poco no se hablaba mucho del nervio vago, pero la investigación ha descubierto recientemente el gran impacto que tiene en nuestro cuerpo. Es nuestro nervio más largo; en realidad, está formado por un montón de fibras nerviosas —hablamos de 80.000— que conectan el cerebro con una serie de órganos importantes. En latín, la palabra *vagus* significa «vagabundo». Este nervio recorre todo el cuerpo, desde el cuello hasta el corazón, los pulmones, el estómago y los intestinos. Podemos describirlo como una especie de central de comunicaciones que revisa constantemente el estado del cuerpo con la ayuda de todas sus fibras nerviosas. Comprueba y envía informes de estado al cerebro. Su principal tarea es reunir información sobre lo que ocurre en el cuerpo, y también controla funciones como el pulso, la respiración y la digestión.

Entonces, ¿por qué es tan importante el nervio vago en relación con nuestra salud? ¿Y para el asombro? Bien, se ha demostrado que el estrés, la fatiga y la ansiedad pueden inflamar el nervio vago, y que su estimulación puede producir una reducción espectacular de la inflamación en el cuerpo. Un área de investigación bastante nueva es, por ejemplo, el desarrollo de los denominados «neurocéuticos» (*neuroceuticals*, en inglés). En lugar de producir medicamentos —los llamados «fármacos» (o *pharmaceuticals*)— que regulan el sistema inmunológico, se trata de encontrar formas de estimular el sistema nervioso para que regule él mismo las distintas funciones del sistema inmunológico. El nervio vago, cuyas fibras nerviosas recorren casi todo el cuerpo, desempeña un papel importante en este «reflejo antiinflamatorio».

Aquí es donde hay que hablar del tono. Se dice que el nervio vago tiene un tono. Cuanto más alto sea el tono, mayor será el bienestar. Cuanto más bajo es el tono, peor se siente el cuerpo. Poder estimular el nervio vago de diferentes maneras nos permite relajarnos y reducir los niveles de estrés de nuestro cuerpo. Eso es lo que dicen los investigadores. Se ha demostrado que cantar, hacer yoga, meditar, respirar hondo, tomar duchas frías (¡de verdad!), bañarse en un agujero en el hielo, hacer ejercicio y recibir contacto físico son buenas actividades para aumentar el tono del nervio vago. El asombro es otra forma. Dacher Keltner, que lleva varios años investigando las emociones positivas y el nervio vago, está convencido de que el tono del nervio vago se ve afectado positivamente cuando nos conmueven la música o las buenas acciones de otras personas. El nervio vago es importante para nuestra salud general y activarlo es una de las mejores cosas que puedes hacer por tu propio bienestar.

Estarás menos estresado

Desafío: cada vez más personas sufren estrés y ansiedad, que conllevan bajas por enfermedad y síndrome de desgaste profesional.
Efecto del asombro: se reducen los niveles de cortisol y aumentan los niveles de dopamina. Disminuyen el estrés y la inquietud.

Un paisaje impresionante o la magia de un claro en el bosque tiene un efecto estimulante que mejora la vida y hay cada vez más pruebas científicas que lo demuestran. La reducción del estrés que provoca el asombro se basa en gran medida en los niveles de dos hormonas: el cortisol y la dopamina. La primera indica el nivel de estrés y la segunda, el grado de relajación y de calma. La dopamina activa, entre otras cosas, nuestro sistema de placer y recompensa y es uno de nuestros neurotransmisores más importantes. Muchos de los tratamientos modernos para las enfermedades mentales tienen como objetivo corregir los niveles de dopamina.

Se realizó un estudio con personas con algún tipo de trastorno de estrés postraumático (TEPT), a las que se les midió los niveles de dopamina y cortisol. Posteriormente, se las expuso a una experiencia en la naturaleza que despertó su asombro. Se pudo comprobar que los niveles de estrés se redujeron, y que eso también tenía un efecto de larga duración. Todos los participantes mostraron una reducción de entre veinte y el treinta por ciento en los niveles de estrés y una disminución de la ansiedad una semana después de la experiencia. Los participantes en el experimento tenían niveles más altos de dopamina y se sentían más satisfechos, más seguros y un poco más sociables. Es un estudio emocionante y revolucionario del que volveremos a hablar en el capítulo «Las fuentes del asombro».

Mientras escribimos este libro se están realizando una serie de investigaciones en las que se indaga el modo en que el asombro afecta a nuestra salud. Entre otras cosas, se quiere averiguar si las experiencias de asombro pueden acelerar la recuperación física del estrés psicológico, por ejemplo, midiendo la presión arterial y los niveles de cortisol y dopamina.

LAS EXPERIENCIAS DE ASOMBRO NOS VUELVEN MÁS TRANQUILOS

En un estudio se pidió a un grupo de estudiantes que fueran a la naturaleza tan a menudo como pudieran durante dos semanas y que llevaran un diario de sus sentimientos y experiencias. Se utilizaron muestras de saliva para medir sus niveles hormonales. Los resultados muestran que, de todas las experiencias que los estudiantes tuvieron durante este período, fueron sus contactos con la naturaleza los que crearon las condiciones más favorables para que experimentaran el asombro, y que eso aumentó su bienestar. Los participantes informaron de un aumento de su satisfacción vital, lo que también se reflejó en una reducción del estrés y un aumento de los niveles de dopamina.

PUEDE AYUDAR EN TIEMPOS DE ESPERA INQUIETA

El asombro puede ser más que una herramienta proactiva contra el estrés. Puede ayudarte en momentos difíciles de preocupación y ansiedad. Los investigadores pusieron a 729 participantes en un estado de espera «inquieta». La mitad del grupo había hecho un falso test de inteligencia y estaba esperando la respuesta. A la otra mitad les habían dicho que iban a ser evaluados por los demás participantes y esperaban sus valoraciones. Los resultados mostraron que los que habían experimentado el asombro viendo películas sobre la naturaleza informaron de emociones positivas más fuertes que los otros participantes. Simplemente, se sintieron menos inquietos mientras esperaban el resultado del test y las valoraciones de los otros participantes.

En este contexto, el asombro podría convertirse en una herramienta estratégica para hacer más llevadero este tipo de espera. Por ejemplo, en el mundo universitario, cuando se esperan los resultados de los exámenes, o en el ámbito de la asistencia sanitaria, en donde la espera del resultado de pruebas como una biopsia u otros exámenes médicos suele ser dolorosa y angustiante tanto para uno mismo como para los familiares. La esperanza es poder sacar ese conocimiento del laboratorio para ver si la gente en el mundo real se siente menos estresada cuando, por ejemplo, mira *Planet Earth* en una sala de espera.

Los investigadores que han indagado el modo en que puede utilizarse el estado de meditación y *flow* para manejar la inquietud en períodos difíciles ven en el asombro unas posibilidades completamente nuevas. La meditación no es para todos, y a veces puede resultar difícil alcanzar el *flow*, especialmente cuando uno se encuentra sometido al estrés y a la presión. Si el asombro puede aliviar la inquietud del mismo modo, podría constituir una solución más fácil.

EL SISTEMA INMUNITARIO TIENE UNA OPORTUNIDAD PARA DESCANSAR

Como hemos explicado en «Estarás más sano», los niveles de inflamación pueden caer cuando se experimenta el asombro. El vínculo entre el estrés y el asombro se produce aproximadamente de la siguiente manera: si estás estresado, tienes mayores niveles de inflamación, y cuando experimentas el asombro, estos niveles se reducen. De todas las emociones positivas, es el asombro el que se puede relacionar con la disminución de los niveles de citoquinas. Así pues, nuestro sistema nervioso responde al asombro de un modo opuesto a como reacciona ante la ansiedad. Esa es la oportunidad. Cuando experimentas el asombro, ¡el estrés se alivia! La investigadora Neha John-Henderson también nos recuerda que el grado de inflamación puede reducirse mediante la disminución del estrés psicológico. Un componente importante, dice, es que el asombro también cambia nuestra perspectiva sobre el estrés. Dicho de otra forma, lo que parecía abrumador o aterrador se puede experimentar como algo más trivial y menos importante.

UN COMPLEMENTO

Desde luego, no pretendemos menospreciar los problemas de salud que pueden causar el estrés y la ansiedad. Las cosas no son tan sencillas: no aplacaremos como por arte de magia las angustias de la vida cotidiana saliendo a asombrarnos un poco. La cuestión es demasiado compleja. Para abordar estos problemas lo necesitamos todo, desde las soluciones estructurales hasta las individuales. Sin embargo, y ya que el asombro puede tener cierto efecto en nuestras almas estresadas, en ausencia de otras soluciones, o como su complemento, bien vale la pena buscar esta emoción.

Tendrás más tiempo

Desafío: nunca antes hemos tenido tanto tiempo libre, y sin embargo, nos falta tiempo.

Efecto del asombro: aterrizas en el ahora, tienes la sensación duradera de tener más tiempo.

¿Puedes pensar en algún momento reciente en el que hayas sentido asombro, absorto en esa experiencia? ¿Qué pasó con el tiempo? ¿Te pareció que se detenía? Tal vez ya hayas experimentado lo que los científicos decidieron investigar hace unos años: si las experiencias de asombro alteran nuestra percepción del tiempo. Partieron de resultados anteriores que indicaban que las personas que sentían asombro experimentaban una mayor presencia en el presente. Por tanto, en una serie de experimentos trataron de demostrar cómo el asombro, más que otras emociones positivas, produce, por un lado, la sensación de que tienes más tiempo y, por otro, te hace menos impaciente. Así es como fue:

Empezaron por investigar si el asombro daba mejores resultados que la felicidad en la percepción del tiempo disponible. Se pidió a 63 estudiantes que vieran películas de un minuto. Un grupo vio una película con cascadas, ballenas, expediciones espaciales, es decir, cosas que producen asombro. El otro vio películas asociadas a la felicidad: desfiles en festivales, gente lanzando confeti y demás. Después tuvieron que clasificar sus opiniones utilizando una serie de afirmaciones y responder a cuatro variaciones de: «Tengo mucho tiempo y consigo hacer las cosas». La mayoría de los que habían visto las películas de la primera clase pensaba que tenía más tiempo, a diferencia de los que habían visto las «películas de la felicidad». En el segundo experimento se pretendía evaluar si las personas que experimentan el asombro se vuelven menos impacientes. Se pidió a 86 estudiantes que escribieran una historia personal: la mitad tenía que escribir sobre algo grande e incomprensible que les hubiera causado asombro, y la otra mitad, sobre una ocasión en la que fueron felices y sintieron felicidad. A continuación se les pidió que rellenaran unos cuestionarios e informaran el grado de paciencia, asombro, orgullo, felicidad y otras emociones que sentían. Los investigadores encontraron un denominador común y un resultado más positivo entre los estudiantes que habían escrito sobre el asombro: se sentían menos impacientes. Además, estos estudiantes estaban más dispuestos a dar de su tiempo, pero sobre eso hablaremos más detenidamente cuando abordemos el último efecto del asombro: «Serás más amable». Ambos estudios confirmaron la hipótesis de que el asombro nos hace sentir que tenemos más tiempo y nos hace menos impacientes. ¿Es posible que estemos ante un remedio para el estrés relacionado con el tiempo, y que no tiene ningún efecto secundario?

El asombro es un sentimiento que te instala en el momento presente. No puedes estar en el futuro ni en el pasado. El asombro requiere tu presencia total, y ahí reside la oportunidad. De repente, el tiempo parece elástico y no te sientes tan agobiado. Parece que experimentas el tiempo como algo que se expande, tu horizonte se extiende.

La investigadora que está detrás de los estudios relacionados con el asombro y el tiempo, Melanie Rudd, nos ha dicho que ha llevado a cabo esta investigación también por interés personal. Tiene la constante sensación de que tiene poco tiempo y, como el resto de nosotros, se siente dividida entre el trabajo y el ocio. A pesar de conocer los efectos positivos del asombro, le cuesta salir de casa para recibir una dosis de él, algo que probablemente le daría la sensación de que el tiempo es suficiente de nuevo... En otras palabras, se arma un círculo vicioso. ¿Te reconoces? Melanie Rudd, sin embargo, ha encontrado una solución: las bellas imágenes de la naturaleza que aparecen en la pantalla de su ordenador.

Si somos capaces de encontrar formas de reducir la presión del tiempo, tomaremos mejores decisiones para nuestro bienestar. El estrés y la presión del tiempo crean comportamientos reactivos y no proactivos para nuestra salud. Cuando estamos estresados, tendemos a comer a la carrera, a posponer el cuidado personal, el ejercicio, las visitas al dentista o al médico, perdemos la capacidad de la compasión y descuidamos nuestras relaciones. Y compramos más cosas de las que necesitamos. En general, experimentamos una menor satisfacción con nuestra vida. No podemos cambiar la cantidad de tiempo de la que disponemos, pero el asombro puede cambiar nuestra percepción del tiempo que tenemos.

Serás más inteligente

Desafío: tenemos acceso a mayores cantidades de información, pero nos gusta apoyarnos en viejos conocimientos y experiencias.
Efecto del asombro: afila el cerebro. Te da una visión crítica sobre los hechos y te permite asimilar información nueva.

Las emociones positivas tienen un gran impacto en la forma en que asimilamos la información y procesamos los nuevos conocimientos adquiridos, en función de los cuales razonamos y actuamos luego. En un estudio de finales de los años noventa se pidió a un grupo de médicos experimentados que diagnosticaran a un enfermo ficticio. Los médicos se dividieron en tres grupos. El primer grupo se preparó leyendo revistas científicas. A los del segundo se les hizo experimentar algo que les produjo una emoción positiva. Y el tercero era un grupo de control que no hizo ninguna preparación. Adivina quiénes fueron los más rápidos en hacer el diagnóstico correcto. Sí, los médicos del grupo que experimentó una emoción positiva. Ellos fueron el doble de creativos y el doble de rápidos. Interesante, ¿verdad? Pero ¿qué fue necesario para conseguir este resultado? En realidad, solo la promesa de que les darían una pequeña bolsa de caramelos al finalizar el experimento.

Estos resultados fueron seguidos por otros similares y allanaron el camino para lo que se conoce como la teoría del ensanchamiento y construcción (Broaden & Build Theory), una de las más revolucionarias dentro de la psicología positiva. Parte del supuesto de que las emociones negativas bloquean el despliegue de la existencia, limitan nuestro margen de acción y provocan una visión de túnel. En situaciones en las que nos asustamos o enfadamos de verdad, recurrimos a la lucha o a la huida, es decir, salimos corriendo de casa cuando ha sonado la alarma de incendios. Mientras que las emociones positivas —y aquí entra en acción esta teoría— hacen que nos comportemos con curiosidad, que nos dirijamos al exterior y veamos todas las alternativas que se nos ofrecen, es decir, amplían nuestra perspectiva. Nos atrevemos a probar cosas nuevas y, de este modo, obtenemos nuevos conocimientos que dan lugar a nuevos recursos. Sencillamente, aprendemos muchas cosas que podremos emplear más tarde en nuestra vida.

Se ha demostrado que el asombro ocupa un lugar especial a la hora de mejorar la capacidad de aprendizaje y hacernos un poco más inteligentes. Está detrás de nuestro deseo de explorar e inventar, de probar nuevas formas de vida y de abrazar informaciones y experiencias nuevas. También se ha comprobado que el asombro nos hace más conscientes de lo que no sabemos. Esto, a su vez, aumenta la probabilidad de que busquemos contextos en los que podamos llenar estas lagunas de conocimiento.

Uno de los contextos en el que solemos buscar es en la ciencia. Tanto el físico Albert Einstein como el astrónomo y astrofísico Carl Sagan afirmaron que el asombro nos motiva a buscar respuestas científicas a las preguntas de la vida. Ahora queda en evidencia cuánta razón tenían. Los científicos creen que la ciencia es el área en que el asombro tiene un papel más importante en el aprendizaje a edades tempranas. Es único en la forma en que nos impulsa a buscar explicaciones científicas y a querer explorar, y en cómo influye en nuestra capacidad cognitiva para reaprender y crear nuevas estructuras mentales. Aunque el asombro se ha considerado históricamente una emoción religiosa o espiritual, por paradójico que parezca, es el que nos brinda una mejor comprensión de la ciencia y nos motiva a explicar el mundo en términos científicos.

Pero volvamos la teoría que mencionábamos más arriba. Simplificando un poco, podemos decir que el cerebro almacena la información en esquemas y estructuras mentales. Para procesar grandes cantidades de información lo más rápido posible, trabaja buscando patrones. Basa la comprensión de lo que estamos experimentando en la experiencia y los conocimientos almacenados previamente.

El cerebro almacena una imagen general de silla, independientemente del aspecto concreto de cada silla específica. Cuando ves una silla, la clasificas como algo en lo que puedes sentarte y que tiene que ver con las mesas; esa es tu experiencia previa con las sillas. Y cuando conoces a un médico, tu cerebro lo relaciona automáticamente con todos tus conocimientos previos, pero también con las ideas preconcebidas que tienes sobre lo que significa ser médico. Sin embargo, cuando experimentas algo completamente abrumador, asombroso, recibes la información nueva con una actitud más meticulosa y te fijas más en los detalles.

En un estudio llamado The Romantic Dinner (La cena romántica) se descubrió que el asombro hacía que los participantes tuvieran una imagen más precisa de lo que estaba ocurriendo. Sus ideas preconcebidas influían menos en la imagen. Primero, se mostró a los participantes un cortometraje de una cena romántica y luego se les pidió que describieran lo que había en la escena. El grupo que había experimentado asombro «no daba por sentado» que hubiera candelabros sobre la mesa de la película que acababan de ver —aunque formen parte de la imagen común de tal situación— y, por tanto, ofrecían una imagen más precisa. En otro estudio se observó que el grupo que experimentaba el asombro no aceptaba argumentos débiles, sino que en su decisión sopesaba argumentos a favor y en contra, mientras que otros participantes, expuestos a otras emociones positivas como el entusiasmo o la diversión, eran mucho más crédulos.

Los investigadores están empezando a entender qué es lo que lleva a que nos volvamos más inteligentes cuando experimentamos el asombro. Lani Shiota, y otros con ella, creen que puede deberse al hecho de que el cerebro se toma un momento de pausa. Como ya hemos dicho anteriormente, se ha demostrado, entre otras cosas, que la actividad en la red por defecto del cerebro se reduce. Y por esta brecha se puede filtrar información completamente nueva.

Serás más creativo

Desafío: tanto el estrés como la rutina inhiben la creatividad.
Efecto del asombro: tienes más curiosidad y te orientas hacia las soluciones, ves más posibilidades y alternativas.

Cuando nos sentimos abrumados por algo que no entendemos, la respuesta natural es que queramos aprender más. Eso es lo que lleva a los niños a preguntar por qué una y otra vez. En los niños vemos claramente cómo la curiosidad incita a buscar respuestas, a descubrir y explorar, lo que es una condición para el aprendizaje. En el curso de la evolución hemos visto con asombro los paisajes ondulados y las altas cordilleras. Eso ha despertado nuestra curiosidad y, con ella, el deseo de saber más.

El asombro te dice que, aunque la situación sea abrumadora y desafiante, no es peligrosa ni amenazadora. No tiene nada de malo que tu cerebro no sepa exactamente cómo son las cosas. No hay que llegar a una conclusión de inmediato. Puedes esperar a tener más información. Esta cualidad única del asombro te predispone a aprender cosas nuevas y a que no te apoyes tanto en los conocimientos que ya tienes. Sientes curiosidad y deseas saber más: quieres descubrir, explorar, probar, aprender. Y aquí es donde entra en juego la creatividad. Volviendo al caso de los médicos que vimos antes, no solo eran el doble de rápidos, sino también el doble de creativos a la hora de hacer el diagnóstico correcto.

La capacidad de encontrar más alternativas los llevaba a tomar la decisión correcta con más rapidez.

Las investigaciones más recientes concuerdan en que existe un vínculo entre el asombro y la curiosidad. Teniendo en cuenta las seis emociones positivas: la confianza, la satisfacción, el asombro, la compasión, la alegría y el orgullo, el asombro es el único relacionado con la curiosidad. Se ha comprobado, además, que las personas que experimentan a menudo el asombro son más curiosas, y eso puede llevar a mejores resultados en la escuela.

También existe un vínculo entre el asombro y la creatividad. Estudios realizados en Estados Unidos, Irán y Malasia llegaron a la conclusión de que las personas que suelen experimentar asombro informan que son creativas y más propensas a resolver problemas. Las personas que han experimentado el asombro en los estudios que utilizan películas e imágenes han sido más proclives a las asociaciones de ideas no convencionales y a tener ideas propias con más facilidad. También se ha visto que el asombro afecta a componentes de la creatividad como la fluidez, la flexibilidad y la capacidad de desarrollar ideas.

La investigadora Melanie Rudd, que ya había investigado cómo el asombro cambia nuestra percepción del tiempo, decidió averiguar qué es lo que pone en marcha y despierta nuestro deseo de crear. Su hipótesis era que el asombro también desempeñaba un rol aquí. Melanie, que creció en las montañas y sabe que pueden ser una gran fuente de asombro, decidió llevar a cabo el estudio en los Alpes suizos. Un grupo de participantes se colocó junto al teleférico al pie de la montaña. El segundo grupo fue llevado a la cima. En ambos lugares, les ofrecieron *snacks*. Podían elegir entre una mezcla ya preparada de frutos secos o hacer su propia mezcla. ¿Quiénes tendrían más ganas de hacer esto último? ¿Sentir más asombro impulsaría a algunos a crear? Rudd y sus colegas aprovecharon también para indagar si aumentaba la disposición de los participantes a aprender. Les ofrecieron a ambos grupos un folleto informativo sobre senderismo. ¿Cuáles fueron los resultados? Pues bien, los participantes que estuvieron en la cima de la montaña y sintieron asombro se tomaron tiempo para crear su propia mezcla de frutos secos, aunque fuera una actividad tan sencilla como mezclar avellanas, pasas y orejones. Además, se mostraron deseosos de aprender más cosas sobre el lugar en el que se encontraban y leyeron el folleto turístico. Los resultados fueron contundentes. Mostraron que el asombro puede hacer que te sientas lo suficientemente seguro como para abrir tu mente y querer aprender cosas nuevas, y que impulsa el deseo de ser creativo.

Serás menos egoísta

Desafío: tendemos a aferrarnos a nuestros propios pensamientos. Estamos cada vez más centrados en nosotros mismos.

Efecto del asombro: descanso mental. El ensimismamiento disminuye, la imagen del mundo se ensancha.

«*¿*Qué me pasa? *¿Qué pensarán de mí? ¿Qué querían decir cuando dijeron eso? No encajo en este lugar. Me pregunto si ella vio que yo...* ¿Por qué soy como soy? ¿Cuánto peso ahora? *Pero ¿qué se traen entre manos? ¿Qué están haciendo? ¡Oh, qué bueno es! Ojalá yo tuviera la mitad de talento que él.* ¿Y si me *descubren? ¿Por qué he dicho eso? ¿Qué va a pasar? No lo conseguiré.*»

¿Te suena familiar? ¿Has caído alguna vez en un bucle de pensamientos que dan vueltas sin cesar, que hacen que te sientas peor y te entristecen o te angustian? Si eres como la mayoría de los seres humanos, probablemente sí. Esta clase de pensamientos autorreferenciales y comparativos están inscritos en nuestra biología. Cuando no ponemos el foco en una tarea específica, nuestro cerebro entra en lo que se conoce como su «modo por defecto». Entonces, los pensamientos entran en una deriva, pensamos en lo que ha ocurrido, en lo que ocurrirá o en lo que puede ocurrir.

La historia de la evolución nos explica por qué el cerebro a menudo se dedica a considerar lo que los otros piensan. En los albores de la historia de la humanidad, tenía una enorme importancia para la supervivencia ser capaz de sondear, comparar, controlar a los demás. Dependíamos más los unos de los otros, en todos los niveles. Estábamos expuestos constantemente a la amenaza y a los peligros procedentes de los animales y las tribus rivales: ¿amigos o enemigos? ¿Qué nos esperaba? En la sociedad actual, las amenazas físicas externas han disminuido, pero el modo de funcionar —y de reaccionar— del cerebro no ha cambiado. A lo que hay que añadir que la cultura del éxito y la comparación que promueven las redes sociales potencian este tipo de funcionamiento. El modo por defecto del cerebro trabaja constantemente para imaginar cómo te ven y te juzgan los demás.

Necesitamos este tipo consideraciones, pero si nos centramos demasiado en nosotros mismos, tendemos a tomar decisiones basadas en el miedo y la carencia, o en las que solo miramos por nuestro propio bien. La perspectiva se reduce y la inclusión de los demás en ella también. Enfocarnos demasiado en nosotros mismos potencia el individualismo y aumenta la estrechez de miras en nuestras elecciones vitales. Sencillamente, el ego se vuelve demasiado grande. Cuando estamos estresados, se incrementa la tendencia a dejarnos absorber en nuestros pensamientos (ensimismamiento). Cuando nuestros pensamientos divagan, somos menos felices. La investigación demuestra que las personas deprimidas entran más a menudo que los demás en el modo por defecto del cerebro, y menos en el modo de la curiosidad exploradora. Los investigadores también han visto que las personas habituadas a la meditación consiguen salir más rápidamente del modo por defecto mediante distintas técnicas. ¡El asombro es otra forma de salir de ese bucle!

El ego se puede situar en el cerebro. Se encuentra en una región —una red de diversas estructuras— llamada red cerebral por defecto. Se activa cuando soñamos despiertos, cuando recordamos el pasado, cuando pensamos en nosotros mismos y cuando no nos centramos en ninguna tarea específica. Este pensar en nosotros mismos y la rumiación ocupan el centro de nuestra atención. Como ya hemos dicho, el modo por defecto del cerebro incluso puede hacernos sentir mal. Entonces, además de la supervivencia, ¿cuál es, en realidad, su función? Bueno, aunque a la red cerebral por defecto le encanta inventarse historias sobre catástrofes, no nos las apañaríamos sin ella. Tendríamos muchas dificultades con las narrativas sociales y las conexiones cognitivas. Esto es lo que experimentan las personas que sufren alzhéimer o autismo, así como las que padecen estrés postraumático o depresión. Sin la red cerebral por defecto, es más difícil entender el mundo y a las personas. Como se ve, tiene una enorme importancia en nuestras relaciones sociales. Nos sirve para entender los sentimientos de los demás, sentir compasión y juzgar correctamente las acciones de otra persona. La red por defecto nos ayuda a hacernos una idea de las cualidades sociales importantes y del estatus dentro de un grupo, a entender y recordar un relato, así como a tener un recuerdo detallado acerca de ciertos acontecimientos. Sí, esta región cerebral tiene muchas funciones positivas, pero es importante no quedar enganchados en sus bucles.

Si quieres intentar controlar tu mente, abandonando el modo por defecto de tu cerebro, ayudándole a dejar de dar tanta importancia a las apariencias o a los logros de otras personas y a los pensamientos sobre ti mismo, ¿qué puedes hacer? Bueno, puedes intentar experimentar el asombro. Los neurocientíficos han visto que el asombro rompe el modo por defecto; en otras palabras, nos da la oportunidad de descansar del pensamiento en bucle.

Michiel van Elk ha realizado varios estudios sobre el asombro, entre otras cosas, utilizando el llamado *brain mapping*, la cartografía cerebral. Ya hemos mencionado antes su estudio, pero volvemos a sacarlo a colación porque su descubrimiento podría ser crucial para todo el campo de investigación sobre el asombro. Con la ayuda de la IRMf, Van Elk y su equipo escanearon el cerebro de varias personas para ver cómo y dónde surgen las emociones. Han indagado cómo nos influye el asombro y han encontrado que la actividad en el modo cerebral por defecto *se cae*. Cuando experimentas el asombro, tienes un respiro de tus pensamientos divagatorios o desbocados.

Esto explica por qué muchos de nosotros decimos que nos perdemos un poco cuando experimentamos el asombro. Que todo se queda quieto. Que nos centramos menos en nosotros mismos y, en cambio, dirigimos nuestra mirada hacia el exterior. Que nos sentimos más en contacto con otros, que nos sentimos parte del mundo. Estos son los mismos efectos que se intentan obtener con la meditación y el *mindfulness*. Es decir, hay otra forma de detener las comparaciones y los pensamientos catastróficos: busca algo que te asombre.

Serás más amable

Desafío: el individualismo se extiende. El deseo de compartir y luchar por el bien de todos disminuye.
Efecto del asombro: nos dirigimos hacia fuera, nos volvemos más solícitos y empáticos.

En el lenguaje psicológico, lo que hacemos en beneficio de otras personas —nuestra voluntad de ayudar— se llama comportamiento prosocial. Es uno de los efectos del asombro. Aquí nos referimos con el nombre de «más amable» a aquellas cualidades que nos permiten un mayor compromiso con el mundo exterior.

Paul Piff, catedrático de psicología, está convencido de que el asombro provoca una disminución repentina y considerable de nuestra autorreferencialidad, con independencia de si esta emoción surge de la espiritualidad, la ciencia, el arte o la naturaleza. Lo decisivo es que dirigimos nuestra mirada hacia el exterior. Piff argumenta que el intenso y abrumador sentimiento del asombro nos hace sentir simultáneamente pequeños y parte de algo más grande. Los participantes en sus estudios están de acuerdo con afirmaciones como: «Sentí la presencia de algo más grande que yo mismo», «Me sentí parte de un todo mayor», «Sentí que lo que me preocupa en la vida cotidiana es bastante trivial». En lugar de preocuparte por ti mismo y tus propias acciones, te interesas más por el bien común. Esto puede crear sentimientos de cercanía y conexión, un nosotros y una responsabilidad compartida. Se cree que el hecho de cuidar de todo el grupo y responsabilizarse de la supervivencia de todos puede haber ayudado a nuestros ancestros.

Hace unos años, Paul Piff llevó a cabo una serie de experimentos para probar la propensión de la gente a la generosidad. ¿Recuerdas lo que contamos al principio del libro sobre los eucaliptos? En el mismo estudio, hizo que 1.599 personas jugaran a un juego económico. Se comprobó que los que tenían propensión a experimentar frecuentemente el asombro mostraban una generosidad significativamente mayor en comparación con los que tenían otras emociones prosociales como la compasión. También pidió a un pequeño grupo de participantes que estimaran la frecuencia con que experimentaban el asombro y luego completaran un test en el que se medía el comportamiento generoso. Una vez más, el grupo que experimentó asombro mostró una mayor generosidad en comparación con los que experimentaban otras emociones positivas como la compasión y el amor.

También se quería ver si el asombro tenía un impacto directo en el comportamiento con otras personas. Se pidió a los participantes que recordaran un momento en el que habían sentido asombro, como al ver la vista desde la cima de una montaña o una puesta de sol en el mar. A continuación se les pidió que realizaran una tarea que demostró que eran más propensos a comportarse de forma más ética. Los propios participantes dijeron que la experiencia del asombro reducía su propia importancia y, en cambio, provocaba la sensación de estar en contacto con algo considerablemente mayor. Los análisis posteriores confirmaron que era el sentimiento de que el yo era menos importante lo que influyó en sus decisiones y acciones *éticas*.

Gran parte de la investigación sobre el asombro se realiza en Estados Unidos. Por lo tanto, es interesante ampliar la perspectiva para ver si esta emoción y sus efectos son universales. Por eso hablaremos ahora de un estudio chino que partió del supuesto de que los templos taoístas son una fuente de asombro. Cuando preguntas a la gente de China dónde y cuándo experimentan el asombro, suelen mencionar estos templos. Los investigadores sospechaban que esto no solo se debe a que los templos son lugares donde los sacerdotes muestran a diario su reverencia espiritual. Lo vincularon con resultados de investigaciones anteriores que, en consonancia con las de Paul Piff, mostraban que el asombro a menudo conduce a un comportamiento prosocial, es decir, a actos de bondad. Eso matizaba las cosas. Recordaron que, históricamente, los templos taoístas también han funcionado como casas de acogida para los pobres (en caso de hambrunas o catástrofes naturales, los sacerdotes ofrecían refugio y ayuda a los desamparados). Y los investigadores chinos ataron cabos. Estaban convencidos de que el motivo por el cual los sacerdotes se involucraban tanto en ayudar a la gente que sufría necesidad tenía que ver con que su lugar de residencia, el templo, estaba diseñado para despertar y experimentar asombro. Pero la fe no cuenta en el mundo científico, así que decidieron investigar si existía un vínculo científico entre el asombro y la disposición a ayudar. Hicieron que 3.347 estudiantes de dos universidades diferentes de Guangdong participaran en el experimento. Sobre todo, les interesaba saber si las personas que experimentaban el asombro con mayor facilidad también mostraban una mayor apertura hacia el mundo y hacia otras personas. Efectivamente, entre los jóvenes chinos se podía ver que los que tenían una mayor «capacidad de asombro» también mostraban un comportamiento más prosocial. Pensaban más en los demás antes de tomar decisiones, se comportaban de una forma que no perjudicara a los demás y llegaban a defender los intereses de los demás. Lo que resultó especialmente interesante fue que la experiencia y el comportamiento influían en las personas tanto a lo largo del tiempo como en su percepción del tiempo. Tenían una visión de la vida más luminosa que los otros grupos de participantes y parecían tener una perspectiva más amplia a la hora de ocuparse de tareas.

¿Qué conclusión podemos sacar de un estudio como este? ¿Tal vez que podría ser una buena idea dedicar tiempo y energía a entrenar la capacidad de asombro de los jóvenes como una forma de desarrollar comportamientos prosociales y definir desde el principio una estrategia consciente para lograr una especie de *mindfulness* social?

En un estudio sobre el asombro y la experiencia del tiempo se descubrió que los participantes que sentían que tenían más tiempo también estaban más dispuestos a dar. Pero no a dar cosas materiales o dinero, sino a dar de su propio tiempo: a dedicarse a causas benéficas, a ayudar a la gente en su vida cotidiana. Otros investigadores observaron efectos similares. Después de ver un paisaje magnífico y espléndido, los participantes dijeron que estaban dispuestos a compartir un premio de lotería imaginario con amigos y familiares o a donarlo para causas benéficas, lo que puede ser una prueba más de que el asombro nos hace pensar más en los demás.

Pero la investigación rara vez es completamente unilateral. En ocasiones se ven otros resultados. Por ejemplo, un estudio demostró que los participantes que experimentaron asombro se volvían más altruistas en cuanto a los valores, pero que no estaban más dispuestos a donar alimentos, ropa, dinero o sangre a las víctimas de una catástrofe natural que los que veían imágenes de la naturaleza *más neutras*.

Actualmente se está estudiando si el asombro puede propagarse entre personas. Paul Piff ha descubierto que, cuando sentimos asombro, nos gusta compartirlo con otras personas, y dice que el asombro es contagioso. Se ha visto, por ejemplo, que nos gusta compartir historias que provocan asombro en Internet. ¿Es posible que el asombro sea otra forma de conectar a la gente, dice Piff, puesto que hace que deseemos compartir nuestras experiencias positivas con los demás?

Claro que sí, te vuelves más amable. Hay estudios que demuestran que, cuando el asombro está presente, disminuye la agresividad cuando la gente participa en juegos violentos en el ordenador. Y, maravillas de la vida, se ha demostrado que las buenas relaciones, las emociones positivas y, sobre todo, las acciones amables son, con mucho, el camino más rápido hacia tu propio bienestar.

Estarás más satisfecho

Desafío: casi siempre queremos hacer más, lograr más cosas. Nunca estamos satisfechos.

Efecto del asombro: estarás menos centrado en ti mismo. Valorarás quién eres y lo que ya tienes.

En la mayoría de los estudios sobre el asombro y sus efectos vemos que los participantes experimentan una mayor satisfacción vital. Son más felices y están más satisfechos que los miembros de los grupos de control que no experimentan esta emoción. Todo lo que se necesita es una pequeña dosis de asombro para dar al participante un estímulo en la vida. Cuando se pidió a un grupo de estudiantes que durante dos semanas escribieran cada día sus experiencias de asombro, los investigadores constataron que, de promedio, experimentamos cada tres días algo que nos produce asombro. Las experiencias narradas iban desde escuchar la música que alguien tocaba en una esquina a altas horas de la noche hasta lo inspiradora que resultaba la gente que defiende la justicia, o ver las hojas rojas del otoño bailando a la luz del sol. Como ves, no tiene por qué ser tan difícil. Lo que también se observó en los estudios es que se podía predecir que quienes experimentaban el asombro se encontrarían mejor en las semanas siguientes. Esto habla a favor de introducir un poco más de asombro cotidiano en nuestra vida, ¿verdad?

LA VIDA TIENE MÁS SENTIDO

Un grupo de investigadores quería indagar si aquellos que tienen «una disposición para sentir asombro», es decir, son más propensos al asombro, se sentían mejor. Al mismo tiempo, también examinaron la actitud de las personas en relación con el sentido de la vida (MIL, *meaning of life*, un concepto común en la investigación) y el materialismo. Resultó que aquellos que están más dispuestos a sentir asombro pueden experimentar un mayor bienestar en cuanto al significado de la vida y que, en cuanto al materialismo, las cosas no les parecen tan importantes ni necesarias.

Las personas propensas al asombro parecen más felices y encuentran un mayor sentido en la vida que los que experimentan menos asombro o no tienen tanta facilidad para experimentarlo.

MENOS MATERIALISTAS

Encontramos investigaciones que centran su atención en lo dispuestos que estamos a consumir cosas frente a tener experiencias después de sentir asombro. Elegir las experiencias en lugar de las cosas es de por sí una fuente de felicidad comúnmente aceptada.

Esto es lo que ocurrió en el estudio: se leyó a un grupo de personas sobre la torre Eiffel, una torre imponente, *épica*, con impresionantes vistas panorámicas desde una perspectiva elevada, lo que constituye una situación perfecta para el asombro para la mayoría de la gente, aunque solo sea en su imaginación. El segundo grupo tuvo que leer una historia que contaba cómo se bajaba de una torre y se contemplaba un paisaje más bien común y algo aburrido. La palabra *asombro* no se mencionaba en los textos. Después, cada participante tuvo que elegir entre obtener una cosa, es decir, algo material (como una mochila que costaba 50 euros) o una experiencia (como una tarjeta de regalo por valor de 50 euros en iTunes). Los que habían leído la historia sobre la torre Eiffel eran mucho más propensos a elegir el regalo de la experiencia que los que habían leído el texto que describía la bajada de una torre.

No te sorprendas si aprovechamos la oportunidad para cantar alabanzas al asombro. Quizá pueda servir como una especie de vacuna contra los efectos negativos de un exceso de materialismo.

Tomarás decisiones más ecológicas

Desafío: para cumplir con nuestros requisitos medioambientales tenemos que cambiar nuestro comportamiento. Es difícil.
Efecto del asombro: promueve el consumo ecológico, nos hace comprar productos más respetuosos con el medio ambiente.

La influencia del asombro en nuestros comportamientos de consumo es un terreno bastante inexplorado en el mapa de la investigación, pero los pocos estudios al respecto que están saliendo a la luz muestran tendencias alentadoras. Que el asombro nos hace menos egoístas y activa nuestro deseo de comportamiento prosocial es un buen comienzo. Nos comprometemos y nos preocupamos por los demás y por nuestro planeta. Como ya hemos dicho, gracias al asombro sentimos que tenemos más tiempo, y una de las consecuencias de esto es que elegimos productos basados en la experiencia antes que productos materiales, y eso es intrínsecamente más respetuoso con el medio ambiente.

Ahora también tenemos un primer indicio de que la experiencia del asombro nos empuja a tomar decisiones más ecológicas. Unos investigadores de la Universidad Jiao Tong de Shanghái compararon el asombro con la felicidad y un estado emocional neutro, y encontraron que el asombro promueve el consumo ecológico en la medida en que nos hace sentir parte de la naturaleza y responsables ante ella. Sobre todo, es el sentimiento de un yo disminuido lo que nos hace sentir que somos parte del todo. En lugar de hablar en términos del *yo*, surge un *nosotros* en el que se incluye la naturaleza, lo que aumenta la disposición a tomar decisiones más ecológicas.

TERCERA PARTE
Las fuentes del asombro

La naturaleza

En cuanto das unos pocos pasos entre los árboles, el cuerpo se llena de calma y de una sensación revitalizante. Los sentidos cobran vida. La mente se aclara. Los olores dispersan el día de ayer y lo que está por venir. El estrés diario disminuye. De repente sientes la vida dentro de ti. Es un regalo de la naturaleza en su máxima expresión. Claro que nos llevamos las penas y las preocupaciones de la vida cotidiana a la naturaleza, no siempre son tan fáciles de soltar. Pero muy a menudo la gente habla del alivio y la confianza que sienten en los bosques y campos, en la vasta extensión del mar y las playas interminables. Es como si la naturaleza pusiera una capa tranquilizadora y reconfortante sobre nuestras vidas y de repente nos hiciera ver las cosas con más claridad.

Al comenzar nuestra exploración del asombro, recibimos en nuestra cuenta de Instagram *Exploring awe* el mensaje de una mujer que no acababa de entender a qué nos referíamos cuando hablábamos del asombro. Pero cuando publicamos un texto sobre el paseo con Ben, que vas a leer enseguida, y dijimos que el bosque tiene un poder curativo, certificó que para ella aquello era «muy cierto». Nos contó que su hijo de tres años había estado muy enfermo, que habían pasado meses de visitas al hospital, pruebas y revisiones, y ahora estaba a la espera de que los médicos le dijeran lo que ocurriría en el futuro. Escribió: «En el punto álgido de la incertidumbre, cuando el llanto y la desesperanza eran unos compañeros que no quería que me avasallaran, me refugié en el bosque. La paz me llegó directamente y pude respirar mejor».

Muchos cuentan que buscan intuitivamente el bosque y el campo y encuentran alivio, paz y quizá incluso sentido a la vida. Cada vez que volvemos a la naturaleza, el cuerpo suelta un gran suspiro y entra en modo de recuperación. Rodeado de árboles, de musgo y del canto de los pájaros, o del mar y el sonido de las olas, el cuerpo se siente seguro. Se enciende el sistema de paz y tranquilidad y el cuerpo puede dedicarse a unas tareas de importancia vital a largo plazo como la mejora, la reproducción y el refuerzo del sistema inmunitario. En la naturaleza, el cuerpo de repente tiene tiempo para cuidar de las partes que nos mantienen sanos y saludables, que nos protegen de muchísimas enfermedades como la depresión, la diabetes, la obesidad, el TDAH, las enfermedades cardiovasculares y el cáncer.

Cuando hablamos del asombro, hablamos del poder curativo de las puestas de sol, la magia del arcoíris y las vistas panorámicas que hacen que todos los sentidos se enciendan y se despejen. Aunque el asombro es una emoción individual que puede ser provocada por estímulos muy diversos, estos parecen universales. Nos unimos en el asombro al ver que el sol colorea el cielo con tonos de rojo anaranjado y no es difícil comprender que esto sea una fuente constante de inspiración para poetas, escritores, fotógrafos y artistas. Mahatma Gandhi expresó el poder de esta emoción: «Cuando me maravilla una puesta de sol o la belleza de la luna, mi alma se expande de asombro ante la creación.» En YouTube, el vídeo en que Paul Vásquez, el Oso de Yosemite, llora mientras se maravilla al ver un doble arcoíris ha sido visto más de cuarenta y seis millones de veces. Es imposible no dejarse arrastrar por su vulnerable y sollozante entusiasmo ante el milagro de la naturaleza.

Las impresionantes vistas del Gran Cañón son contempladas por casi seis millones de personas cada año, y todavía son una de las mayores experiencias de asombro de Lani Shiota. El desvío de casi cinco horas que la gente con la que iba la persuadió a tomar le hizo una ilusión relativa, convencida de que lo que iban a ver no podía ser nada tan extraordinario. Sin embargo, en cuanto estuvo al borde del barranco la experiencia fue tan grande que casi no sabía qué hacer.

Es natural, como investigadora que es, que investigara aquella experiencia en su laboratorio. Entonces vio que, a diferencia de otras emociones positivas que ponen en marcha el sistema nervioso aumentando el ritmo cardíaco, dilatando las pupilas y a través de síntomas similares, el asombro parecía tener un efecto calmante. Cuando se mostraban a las personas imágenes del Gran Cañón, disminuía el nivel de excitación del sistema nervioso simpático (lucha o huida), lo que coincide con el hecho de que la gente diga que el asombro tiene un efecto calmante y hace que el cuerpo se ralentice. Cabe destacar que no siempre son necesarios unos espectáculos tan grandes ni tan largos viajes para beneficiarse con los efectos del asombro que provoca la naturaleza. A falta de *la cosa real*, también funcionan las fotos y las películas de la naturaleza. Se han realizado muchos estudios con la serie de televisión *Planet Earth*.

Andrew R. Edwards es un educador y escritor premiado por una serie libros sobre la naturaleza, el equilibrio ecológico y la sostenibilidad. Cree que el asombro y la belleza interactúan para crear experiencias que nos vuelven humildes. Según él, son los catalizadores que nos ponen en contacto con el tejido de la vida.

Cuando se le pregunta a la gente de dónde obtiene su experiencia del asombro, la naturaleza representa entre el veinte y el treinta por ciento. Cuesta imaginar que no sea la fuente principal, puesto que la naturaleza es algo muy tangible. Es fácil que nos arrastre por su belleza, frescura, aromas, sonidos y misterio, por todas sus maravillas. El sol brillando en las hojas llenas de clorofila, la tela de araña entre dos ramas, las piedras grises y brillantes y el agua helada y murmuradora. Aquí se encuentra también lo genial de la creación, el ciclo y el sistema ecológico, el modo como la naturaleza y todos los animales cooperan y se relacionan, cómo la vida y la muerte están íntimamente entrelazadas y dependen la una de la otra. En la naturaleza se despierta el asombro tanto a nivel sensorial como intelectual.

Se puede decir que nuestro amor por la naturaleza está animado por el asombro. Pero hemos perdido parte de la profunda conexión que tenían los pueblos indígenas cuando interpretaban los rastros en la naturaleza. Comprendían los ecosistemas y la forma en que las diferentes especies cooperaban. Dacher Keltner cree que estamos redescubriendo esa conexión y se refiere a estudios que muestran que el asombro hace que queramos cuidar la naturaleza. Cree que el asombro podría desempeñar un papel importante en la lucha contra el cambio climático y las emisiones de dióxido de carbono.

El bosque como terapia

Shinrin-yoku es una palabra japonesa que significa «baño de bosque», esto es, sumergirse en el bosque con los cinco sentidos: ver, oler, sentir, oír y saborear la naturaleza. El término fue acuñado en 1982 por las autoridades japonesas, que en ese entonces atribuyeron el aumento del estrés y la mala salud a la sobrecarga de trabajo y al hecho de pasar demasiado tiempo en espacios interiores. Creyeron intuitivamente en la reconexión con la naturaleza. Tras una rigurosa investigación sobre los efectos beneficiosos de los bosques, este método se ha convertido en un tratamiento científico oficial y es ahora una de las medidas sanitarias preventivas más importantes de Japón. Las personas que se dan baños de bosque tienen una presión arterial, ritmo cardíaco y niveles de cortisol más bajos que las que caminan en un entorno urbano. El baño de bosque también puede tener efectos de refuerzo en el sistema inmunológico, además de ayudar contra el estrés, la depresión y la ansiedad.

No consiste en ir de excursión con el objetivo de alcanzar una meta o de aprender cosas sobre el bosque. Se trata simplemente de tomar un descanso del estrés de la vida cotidiana, de reducir la velocidad lo suficiente como para prestar atención a cosas que de otro modo no se ven ni se oyen. Este método está influenciado por la religión japonesa del sintoísmo, que practica más de la mitad de la población, a menudo en combinación con el budismo zen. *Shinto* significa «el camino de los dioses», y el japonés *to* es la misma palabra que el chino *tao* o *dao* en el taoísmo. En el sintoísmo se venera a los espíritus de la naturaleza que se encuentran en los árboles, las piedras, el viento, los arroyos y las cascadas. Como las personas de estas culturas sienten una profunda reverencia y conexión con el entorno natural, la práctica de los baños de bosque se ha convertido en un asunto científico tanto en Japón como en Corea. Se concede una gran importancia al modo en que el cerebro y el cuerpo se ven afectados al reducir la velocidad y relajarse en la naturaleza. Por ejemplo, se miden el pulso y la frecuencia respiratoria. Y se observa el nivel de fitoncidas, sustancias volátiles que segregan árboles y arbustos para protegerse de los insectos y los hongos, y que benefician también a nuestro sistema de defensa.

Además de los efectos de los fitoncidas, se ha demostrado que esta sustancia también puede combatir el cáncer. Aumenta la actividad de las células asesinas naturales del cuerpo, que desempeñan un importante papel en la defensa frente a los tumores. En un estudio en el que los participantes dieron paseos de dos horas por el bosque dos días seguidos, se observó un aumento del cincuenta por ciento en la actividad de las células asesinas naturales.

En Japón se da tanta importancia a este fenómeno que los senderos *shinrin-yoku* se certifican mediante análisis de sangre que determinan si la actividad de las células asesinas naturales es lo suficientemente alta. Actualmente hay unos cincuenta senderos certificados. También se ha medido qué árboles segregan más fitoncidas y se han establecido unos cuarenta bosques curativos. En Corea se han capacitado más de quinientos guías que llevan al bosque a todo tipo de personas, incluidos adictos a Internet y acosadores.

Para nosotros los occidentales, que ya no tenemos esa relación profunda con el bosque, el *shinrin-yoku* tiene más que ver con la reconexión con la naturaleza y la sensación de que formamos parte de ella. Decidimos intentarlo. Fue así como conocimos a Ben Page, en el Bosque Nacional de Ángeles. Ben es uno de los guías forestales más experimentados de Estados Unidos y fundador de Shinrin Yoku Los Angeles. Ha guiado experiencias en la naturaleza desde 2016 e imparte cursos en todo el mundo. Recientemente estuvo en Finlandia y Noruega formando a guías de Terapia Forestal.

Apenas subimos al coche, Ben Page nos advierte que no nos enseñará nada sobre el bosque. Tampoco proporcionará soluciones a nuestros posibles problemas. No es ni profesor ni terapeuta. Es un guía de Terapia Forestal y nos ayudará a aprender del bosque. Considera que lo suyo es «abrir las puertas», porque el verdadero terapeuta es el bosque y es mediante el encuentro con el bosque y nuestras experiencias en él como podemos aprender algo sobre la naturaleza y sobre nosotros mismos. «En el bosque —dice Ben Page— cada uno tiene su propia experiencia, que es única y muy personal. No tengo idea de lo que necesitáis, pero puedo crear el momento y luego hacerme a un lado para que cada una de vosotras tenga una experiencia significativa a nivel personal.»

La carretera sube serpenteando por las montañas. Las nubes se ciernen por debajo de las cimas, pero el calor del sol ha empezado a disiparlas. Nos desviamos hacia el Switzer Falls Trail, una ruta de senderismo muy bien organizada, y nos detenemos en un aparcamiento.

Un puente con tablones de madera muy desgastados nos permite cruzar un arroyo rumoroso sin mojarnos los pies. El sendero desaparece entre los árboles. Nos ponemos las chaquetas para protegernos del frío de la mañana. Y planificamos nuestros pasos entre afloramientos rocosos y acantilados. En la zona de Los Ángeles y el Bosque Nacional de Ángeles coinciden dos estaciones. Aquí es a la vez invierno y primavera.

Un poco más adelante, Ben Page nos habla de la naturaleza y de cómo nuestro cuerpo puede asimilarla cuando sintonizamos con el aquí y ahora, y estamos plenamente presentes. Nos guía a través de un ejercicio similar al *mindfulness* —que él llama *bodyfulness*, es decir, conciencia del cuerpo físico— en el que nos invita a respirar profundamente, cerrar los ojos y sentir con los cinco sentidos la relación de nuestro cuerpo con la naturaleza y el bosque que nos circunda. Escuchamos sonidos pequeños y grandes. Sentimos el aire en nuestra cara y la diferencia entre la piel desnuda y la que está cubierta por la ropa. Notamos el aire que entra y sale por las fosas nasales, en los labios y en la garganta. Nos agachamos, palpamos el suelo con las manos, recogemos un poco de tierra y la frotamos entre los dedos. Recogemos unas cuantas hojas, nos llenamos las manos, hundimos nuestras narices en ellas y respiramos ese olor húmedo y frío que recuerda al del humus. Luego sentimos la forma en que nuestro cuerpo se apoya en el suelo, centrándonos en el contacto de nuestros pies con la tierra, y dejamos que los rayos del sol nos calienten la cara. Ben Page nos pide que abramos los ojos muy despacio y acojamos la naturaleza mientras imaginamos que los árboles, las rocas, todo el bosque, nos están mirando. Esto nos hace sentir y comprender realmente que la naturaleza es un ser vivo. Un sentimiento al que se refería Ralph Waldo Emerson, el escritor, filósofo y poeta del siglo XIX, al escribir en *Nature*: «No estoy solo ni soy ignorado. Ellos [los árboles] me saludan y yo a ellos».

Ben Page nos pide entonces que pongamos nuestra experiencia en palabras y contemos las asociaciones y los recuerdos que nos vengan a la mente. Compartir y escuchar las experiencias de los demás abre un espacio para la empatía. Al mismo tiempo, surge la cuestión de si sentimos y decimos «lo correcto». Pero eso es justo lo que Ben Page quiere que evitemos. No hay nada correcto o incorrecto. La experiencia del bosque es totalmente individual. Entonces, ¿en qué consiste la conexión entre *shinrin-yoku* y el asombro? Según Ben Page, se caracteriza por:

1. *Bodyfulness*

Hemos dedicado tanto tiempo y hemos dado tanta importancia a nuestras capacidades mentales que mucha gente ha perdido el contacto con su cuerpo. Necesitamos que nos recuerden que nuestro cuerpo tiene su propia sabiduría e inteligencia y nos mantiene vivos. Durante un baño de bosque se despierta el asombro cuando uno siente su cuerpo y luego lo relaciona con la experiencia de la naturaleza.

2. La relación con la naturaleza

Muchas y variadas razones nos han llevado a situar al ser humano al margen de todas las demás especies, separado de la naturaleza. Hemos perdido la noción de que somos una parte de ella, que compartimos la experiencia de la vida con todas las criaturas que habitan en la Tierra. Estamos relacionados. Esto se vuelve evidente en el bosque y es una importante fuente de asombro.

3. Nuestro pensamiento se ensancha

Nuestra capacidad de utilizar la imaginación para percibir la realidad aumenta. Einstein afirmaba que nuestra imaginación es más importante que el conocimiento porque el conocimiento nos pone en contacto con lo que ya conocemos, mientras que la imaginación nos pone en contacto con todo el universo. En la naturaleza te enfrentas al hecho de que hay cosas que la ciencia no puede explicar, que tal vez no haya que explicar, sino que simplemente pueden despertar nuestro asombro.

Ben Page cita a Joseph Campbell, profesor estadounidense de mitología y literatura comparada: «No creo que la gente busque el sentido de la vida. Creo que sobre todo buscan la experiencia de estar vivos». «Esto es para mí el asombro —dice Ben Page—. Te arrastra, te golpea en la cara. Estás vivo aquí y ahora. Todo lo demás desaparece y casi no significa nada. Te sobrecoge la maravillosa sensación de estar vivo, que también describiría como estar en contacto con todo lo que te rodea. Una sensación de no estar solo.»

Seguimos andando para experimentar el bosque en movimiento. Caminar rápido o despacio, a nuestro ritmo. Con nuestros ojos volvemos a ver hojas que se mueven con el viento, nubes que crean nuevas formaciones contra el fondo azul claro del cielo, el brillo del sol en el curso de agua, las rápidas corrientes del arroyo y dos ardillas jugando en la ladera de la montaña. El asombro en la naturaleza es una experiencia a la vez interna y externa. Lo que vemos en el exterior crea movimiento, recuerdos e intuiciones dentro de nosotros.

El asombro por prescripción médica

El conocimiento de los efectos beneficiosos de la naturaleza y el asombro no solo se utiliza en la práctica médica en Japón, sino que también ha llegado a muchos consultorios de Estados Unidos. Ahora se prescribe la naturaleza en 34 estados. Como suplemento. En el Hospital Infantil de Oakland, un pediatra recomienda a sus pacientes salir a la naturaleza y maravillarse para reducir el estrés, la soledad y la mala salud general. En Nueva York, un médico prescribe «paseos de asombro» en los parques, los llamados *awe walks*.

Existe un apasionante estudio que muestra cómo el *rafting* influyó positivamente en veteranos de guerra traumatizados y en jóvenes de entornos vulnerables. De cómo todos ellos experimentaron una fuerte disminución de los efectos relacionados con el estrés, entre otros resultados alentadores. El primer paso de este estudio lo dio el veterano Stacy Bare, un hombre muy infeliz que estaba a punto de suicidarse.

Varios años después de haber regresado de Bagdad, todavía sufría depresión y tenía pensamientos suicidas. Se automedicaba con cocaína y alcohol en grandes cantidades. No podía dejar de recordar los siete años transcurridos en zonas de guerra. Los pensamientos divagaban, el pulso se aceleraba, el cuerpo sufría. Recordaba vehículos que explotaban, puertas forzadas, ser considerado por los lugareños como «uno de los soldados que comen bebés para desayunar» y recibir disparos. Le resultaba difícil volver a la vida civil. Un día todo se volvió tan negro que solo veía dos opciones ante sí: suicidarse o volver al ejército.

Fue entonces cuando recibió la llamada de un viejo amigo que cambió su vida. Cuando Stacy le contó lo mal que se encontraba, lo cansado que estaba de vivir, el amigo le dijo: «¡Ven! Ven a Boulder y escala conmigo». Stacy vaciló. Hacía tiempo que no tenía la energía ni la fuerza de voluntad para dominarse y «pensar en hacer cosas divertidas». Ciertamente era un viejo *scout*, gozaba de buena forma física y le encantaba estar al aire libre, pero también era un hombre muy grande: musculoso y de casi dos metros de altura. Resoplaba al pensar que debía escalar una montaña. ¿Lo conseguiría? Sin embargo, ¿qué podía perder? Difícilmente podría estar peor.

Eligió vivir unos días más y fue a Boulder. El plan consistía en escalar los Flatirons, una cordillera con cinco picos —Primero, Segundo, Tercero, Cuarto y Quinto Flatiron—, llamados así por su semejanza con las antiguas planchas de ropa. Picos rojos, altos, poderosos. Una vez que comienzan a escalar, Stacy solo piensa en manejar la cuerda correctamente y tratar de encontrar un agarre seguro en la roca. Aquí no hay espacio para permanecer en el trauma: cuando un pequeño desliz puede ser fatal, no hay lugar para pensamientos divagatorios ni recurrentes. La intensidad es alta; la presencia, total. Stacy siente que se vuelve uno con la naturaleza y con su propio cuerpo. Todo se calma. Cuando se detiene en un saliente rocoso y mira la pradera, muy por debajo, se produce un momento mágico y se abre una puerta. Es una experiencia casi religiosa.

El encuentro con la montaña tuvo un efecto tan profundo y sanador en él que lo cambió todo. El propio Stacy dice que lo que sintió fue asombro. Y siente deseos de compartir lo que ha experimentado. Convencido de los efectos de la naturaleza, quiere que otros que se encuentran en una situación similar a la suya tengan una oportunidad de curarse. Fue así como puso en marcha un proyecto de investigación junto con el Berkeley Social Interaction Lab y el Sierra Club, una organización medioambiental que todos los años ofrece una experiencia en la naturaleza a cien mil niños americanos.

PRUEBAS DE SALIVA Y CÁMARAS GOPRO

Craig Anderson, entonces estudiante de doctorado, es el investigador principal del estudio, una tarea divertida, pero difícil. Siempre es un reto medir las emociones y ahora, además, hay que hacerlo en el mundo real, fuera del entorno del laboratorio. Cuanto más te acercas a la emoción, más apasionante se vuelve la ciencia de las emociones —lo mejor, por supuesto, es observar a las personas cuando están en un río o tumbadas mirando a las estrellas—. En este estudio se invitó a participar a 52 adolescentes de zonas desfavorecidas y a 72 veteranos de guerra de Afganistán e Irak. Ambos grupos comparten llevar una vida con distintos grados de estrés postraumático (TEPT), con síntomas como ansiedad, depresión, irritabilidad, paranoia, aislamiento social, mal funcionamiento del sistema inmunitario, mayor riesgo de enfermedades cardíacas, recuerdos y pesadillas. Todo esto puede conducir a la violencia doméstica, las autolesiones y el suicidio. Diecisiete veteranos se suicidan cada día y casi un tercio ha sido diagnosticado con este trastorno. Por otro lado, los jóvenes de las zonas vulnerables, donde la violencia con armas de fuego es común, suelen sufrir la misma clase de síntomas de estrés. Asusta pensar que, en términos porcentuales, se trata de una prevalencia equivalente a la que se da entre las personas que se encuentran en zonas de guerra. Muchos de estos jóvenes nunca han salido de sus barrios, algunos nunca han estado en la naturaleza, otros nunca han visto un cielo estrellado. Ahora, dentro de desvencijados botes neumáticos, deberán descender por los rápidos de un río, remar con todas sus fuerzas mientras el agua helada inunda los botes, enfrentarse al tiempo, el viento y los cambios de humor de los demás; en resumen, deberán vivir en el momento, actuar y cooperar.

Uno de los mejores lugares para hacer *rafting* en California se encuentra a solo dos horas y media de San Francisco. El río de los Americanos —sí, así es como se llama— baja desde las montañas de Sierra Nevada formando una sinuosa pero muy fuerte corriente de agua de deshielo cristalina. Los gélidos rápidos brillan con un color verde esmeralda, del que emergen enormes rocas sobre la superficie del agua. El entorno es de una gran belleza y el tiempo suele ser bueno. Aquí, el grupo debe abrirse paso a través de la corriente, que a veces forma cascadas, en pequeños botes neumáticos que pueden alojar hasta seis personas más un guía. Primero hay que practicar cómo volver a subir al bote en caso de caída al agua. Se aprende entonces a subir a otra persona al bote, a remar y dar órdenes, etc. Finalmente, solo queda ponerse en camino. Pero también se ha preparado a los participantes de otras maneras para que proporcionen datos básicos para el estudio. Se han hecho pruebas de saliva para medir los niveles de dopamina y cortisol. También se les ha preguntado sobre la frecuencia con la que se sienten felices, tristes o estresados y lo bien que duermen. Un mes después de practicar el *rafting* escupirán en tubos de ensayo y rellenarán los formularios de nuevo. Para hacerse una idea del estado de ánimo de los participantes y su situación vital, se les pide que autoevalúen sus emociones positivas —como la felicidad, el orgullo, la satisfacción y el asombro— en una escala del uno al siete. A continuación se les proporciona un diario a cada uno para que documenten sus pensamientos, experiencias, acontecimientos sociales y sentimientos. Deben llevar a cabo esta autoevaluación y reflexión personal al finalizar cada día.

También se pide a los participantes que miren hacia fuera y vean lo que sucede en el grupo. ¿Alguno tiene una experiencia de asombro particularmente fuerte? ¿Me siento cerca de esa persona? ¿Cómo me siento yo? Esto se denomina «Informe sobre los amigos». El equipo de Craig Anderson coloca cámaras GoPro en los botes neumáticos para medir el comportamiento expresivo. Las cámaras filmarán a los participantes durante todo el trayecto. Cuando el experimento haya terminado, los expertos del laboratorio dispondrán de un centenar de horas de grabación, una base fantástica para interpretar los comportamientos clave. Ellos analizan las expresiones faciales de las personas, músculo a músculo. Incluso introducen las voces y los sonidos en un programa especial para averiguar si los participantes bromean, cooperan, están tranquilos, etcétera.

UNA REDUCCIÓN SIGNIFICATIVA DEL ESTRÉS

Tras la actividad de *rafting*, el estudio arrojó resultados llamativos. El 21 por ciento de los participantes mostraron una reducción de su nivel de estrés general. Los niveles de dopamina elevados, que suelen reflejar relaciones más armoniosas, mayor bienestar social y mejores vínculos familiares, mostraron una mejora del diez por ciento. Además, se observó una mejora del nueve por ciento de la satisfacción vital y un aumento del ocho por ciento en la felicidad autoevaluada. Estas cifras corresponden a los dos grupos como unidad. Entre los veteranos de guerra se pudo ver una reducción del treinta por ciento en los síndromes relacionados con el estrés. Los participantes informaron de que tenían menos recuerdos, dormían mejor y se sentían menos alertas.

Cabía preguntarse si los jóvenes, asombrados en medio de la naturaleza, prestarían más atención al río por el que acababan de descender. Dijeron que se sentían más en contacto tanto con otras personas como con el mundo en general. Craig Anderson afirma que cuando has tenido experiencias como esta, tu interés personal deja de ser tan grande; ya no ocupa el primer plano en tu mente. Toda tu atención se dirige hacia el exterior, hacia lo que produce la sensación de asombro, hacia el entorno que te rodea, incluyendo las personas. Estos jóvenes aseguran que aprecian la belleza que ven aquí. Cuando esto sucede, no quieres verlo destruido, sino cuidarlo.

Los equipos de cada bote también experimentaron mejoras. Expresaron emociones similares y compartieron los mismos perfiles hormonales, algo que demuestra que el asombro se contagia. También se pudo observar que el asombro era capaz de elevar la sensación general de bienestar de una persona en mayor medida que otras emociones positivas, que también se midieron.

Uno de los veteranos de guerra confiesa que siempre supo que la naturaleza podía acallar su guerra interior, pero que es fantástico que este conocimiento esté respaldado ahora por la ciencia. Espera que pronto se receten sacos de dormir, tiendas de campaña, *rafting* y paseos por el bosque con la misma facilidad con que se recetan antidepresivos. No para sustituirlos, sino más bien como un complemento.

La naturaleza y el asombro son poderosas fuentes de salud y bienestar, al menos para los veteranos de guerra y los jóvenes de poblaciones de riesgo. Ahora podemos afirmarlo con certeza. Y no es muy aventurado pensar que también tendrá efectos positivos para ti.

La perspectiva espacial que lo cambia todo

¿Has oído hablar del efecto perspectiva (*Overview Effect*)? Hasta ahora, solo 549 personas han tenido el privilegio de ver la Tierra desde el espacio —en primera fila—. El resto de nosotros, con los pies en el suelo, hemos podido observar esa perspectiva impresionante en fotos o películas. Potente, sí, pero aún lejos de producir la misma sensación que se tiene ahí fuera. Cuando se les pregunta a los astronautas qué han visto durante sus viajes espaciales, la mayoría de las veces su mirada adquiere un matiz soñador. Lo que han experimentado parece casi demasiado grande para poder compartirlo. La mejor forma de describirlo es con sus propias palabras:

> *«Es difícil explicar lo increíble y mágica que es esta experiencia. En primer lugar, está la inimaginable belleza y diversidad del propio planeta, que se desliza delante de ti a una velocidad suave y lenta... Me alegra decir que ningún tipo de formación o conocimiento previo puede prepararte para la sensación de entusiasmo y asombro que esto te provoca.»*

Kathryn D. Sullivan, astronauta de la NASA

> *«Si antes del vuelo alguien me hubiera preguntado: "¿Te vas a dejar subyugar por la emoción cuando veas la Tierra desde la Luna?", le habría contestado: "De ninguna manera". Pero, en cuanto pisé la Luna y volví la vista hacia la Tierra, me puse a llorar.»*

Alan Shepard, astronauta de la NASA

> *«Has visto imágenes y has oído hablar de ello. Pero nada puede prepararte para lo que realmente significa. La Tierra es increíblemente bella cuando la ves desde su órbita, más hermosa que cualquier imagen que hayas visto. Es una experiencia emocionante porque estás lejos de la Tierra, pero al mismo tiempo sientes una conexión tremenda con ella, no se parece a nada que yo hubiera sentido antes.»*

Samuel T. Durrance, astronauta de la NASA

> *«Desarrollas inmediatamente una conciencia global, te centras en las personas. Sientes un fuerte descontento con el estado del mundo y el intenso deseo de hacer*

algo al respecto. Desde fuera, desde la perspectiva de la Luna, la política interna-
cional parece insignificante. Quieres agarrar a un político por el cuello, arrastrarlo
unos cuatrocientos mil kilómetros y decirle: "Mira eso, hijo de puta".»

Edgar Mitchell, astronauta de la NASA, en el *Apolo 14*

Durante la Navidad de 1968, el hombre pudo contemplar por primera vez la Tierra desde el exterior. Después de que el módulo espacial *Apolo 8* se desprendiera de la gravedad de la Tierra y lograra ponerse en órbita alrededor de la Luna, vimos cómo la Tierra se elevaba sobre la superficie lunar. Se acuñó el concepto de la salida de la Tierra. Tres astronautas, Borman, Lovell y Anders —y, por emisión televisiva, una cuarta parte de la población mundial—, pudieron ver su hogar común desde el espacio.

Con los ojos como platos, tuvieron la oportunidad de contemplar la Tierra que nos alimenta a todos, un cuerpo celeste flotando en un universo aparentemente ilimitado. Y es precisamente desde esta perspectiva —cuando el globo terráqueo se convierte de pronto en un puntito azul claro situado en algo en apariencia infinito— cuando muchos astronautas afirman que surge un sentimiento extraordinario. Se sienten conmovidos e impresionados. Varios declaran que ya no ven las fronteras nacionales. Por supuesto saben que las líneas de puntos de los mapas no existen en la realidad, pero cuando eso se convierte en una verdad práctica, sucede algo muy profundo. Los conflictos humanos se vuelven insignificantes, y el deseo de proteger a la humanidad, muy tangible.

Ver la Tierra desde el espacio es una verdadera fuente de asombro. Muchos viajeros espaciales hablan de un despertar espiritual, de sentimientos de unidad y euforia, de una belleza deslumbrante. Dicen que sienten reverencia, humildad y entusiasmo. Muchos se transforman para siempre y cambian radicalmente su vida una vez que regresan a la Tierra. Ron Garan, exastronauta de la NASA, fue uno de los que dejó el trabajo con el que siempre había soñado para compartir sus conocimientos a tiempo completo. Está convencido de que podemos salvar el mundo si cambiamos la percepción que tenemos de él: es necesario que ampliemos la perspectiva para ver el panorama completo, para entender que estamos juntos, que tenemos un planeta que cuidar entre todos. Y no es el único que piensa así.

FILÓSOFO ESPACIAL

Las visiones que se obtienen al ver la Tierra desde el espacio crean el llamado efecto perspectiva (*Overview Effect*). El hombre que acuñó este término es Frank White. Hoy se llama a sí mismo filósofo espacial, avalado tanto por su experiencia vital como por sus credenciales, pero era un título que le impusieron ya de niño. Creció en el Misisipi de los años cuarenta y no tenía más de cuatro años cuando empezó a decir que algún día la humanidad dejaría la Tierra para ir a vivir a otros planetas. Él no recuerda esos pensamientos tempranos, pero sí lo que constituyó el gran punto de inflexión espacial: un pequeño libro titulado *Las estrellas* que le regaló su madre cuando cumplió diez años. ¡Guau!, no podía esperar. De inmediato quiso saber más: había ahí fuera todo un universo que explorar. En lugar de astronauta, Frank se hizo académico y empezó a trabajar en el Centro de Estudios Espaciales. En cierto momento de los años setenta, con poco más de treinta años, Frank se encontraba en un avión. Por la ventanilla vio las nubes que se extendían a sus pies, a varios kilómetros de altitud, y se puso a soñar despierto. Pensó en lo que se podría ver desde el espacio. Imaginó que estaba en una estación espacial y pensó que, viviendo allí, se podía tener una visión general de la Tierra. Se podrían ver cosas que conocemos, pero que no experimentamos realmente: la Tierra como un sistema del que todos formamos parte, la experiencia de que en el gran conjunto hay un sentido mayor. Una visión general. Una perspectiva de la totalidad. Un sentimiento de reverencia. Se le ocurrió el concepto de el «efecto perspectiva» (*Overview Effect*), y quiso compartir su experiencia y probar la hipótesis. Comenzó a hablar con astronautas para que le dijeran lo que se siente al mirar la Tierra desde el espacio. En ese momento, el fenómeno espacial todavía era nuevo. Quería saber si los que tenían información de primera mano se identificaban con lo que él había sentido a bordo del avión. Los astronautas entendieron perfectamente lo que Frank quería decir y no les pareció que la pregunta fuera en absoluto descabellada. Empezaron a contarle sus experiencias.

Frank White describe sus encuentros en *The Overview Effect*, libro publicado en 1987. Con ello acuñó el término —efecto perspectiva— que ahora se utiliza para describir la profunda emoción que se experimenta al contemplar la Tierra desde fuera de su atmósfera.

Mucho más tarde, el investigador y estudiante de psicología David Yaden decidió investigar las emociones que despierta el efecto perspectiva. La razón por la que las historias de los astronautas suscitan el interés de los investigadores es que sus experiencias contienen los dos componentes principales de la definición del asombro. El primero, el hecho de enfrentarse a la grandeza de algo tan inmenso que resulta difícil de comprender. El segundo, el intento de asimilar una experiencia en la que tus marcos de referencia habituales no sirven. Además, se ha visto que surgen efectos como el altruismo —el amor incondicional—. Por lo tanto, Yaden quería saber si puede relacionarse el asombro con el efecto perspectiva. Si así fuera, podríamos utilizar de forma práctica ese conocimiento en otros contextos. Por ejemplo, para lograr que la gente esté más dispuesta a ver el panorama general y a cooperar. En un artículo de investigación, Yaden demostró el vínculo existente entre el asombro y el desinterés. Como en el estudio que hemos presentado anteriormente, observó que la actividad de la red por defecto del cerebro disminuía incluso cuando los participantes experimentaban el asombro en una simulación del espacio exterior. Como ya sabes, esta disminución conlleva una reducción de la autorreferencialidad y la apertura a algo más grande. Yaden también ve una conexión entre el asombro que se experimenta mediante el efecto perspectiva y el sentimiento que puede describirse como trascendencia. Tal vez no sea tan extraño que empecemos a creer que hay algo más grande que nosotros mismos cuando miramos a nuestro planeta natal y vemos el mundo entero frente a nosotros.

A FAVOR DE LA PAZ MUNDIAL

¿Qué pueden, entonces, aportarnos las experiencias y la investigación sobre el asombro y el efecto perspectiva? ¿Pueden cambiar nuestras actitudes, y no solo la forma en que los astronautas ven el mundo y las personas? Un grupo de expertos en el espacio, exastronautas y humanistas han creado The Overview Institute para seguir explorando el potencial de este conocimiento y sus posibilidades y compartirlo con todos nosotros. Según el Instituto, vivimos un momento crítico en la historia de la humanidad. Enfrentamos grandes desafíos en lo que concierne al clima, los alimentos, el agua y la energía. Hay un abismo entre países ricos y pobres, mientras que las diferencias culturales, religiosas y políticas nos mantienen separados. Frente a este estado de cosas, señalan que es vital que nos unamos en una visión global sobre el planeta y la humanidad. Las experiencias altruistas que los astronautas nos transmiten pueden beneficiarnos a todos. Se están haciendo progresos en este campo. En la actualidad existen inversiones de dinero y esfuerzos para que podamos experimentar el efecto perspectiva sin tener que abandonar la Tierra. Quienes participan en esta iniciativa tienen un gran interés por hacer el mundo más bello, más ecológico y más amable. Volveremos sobre esto en la Quinta Parte del libro.

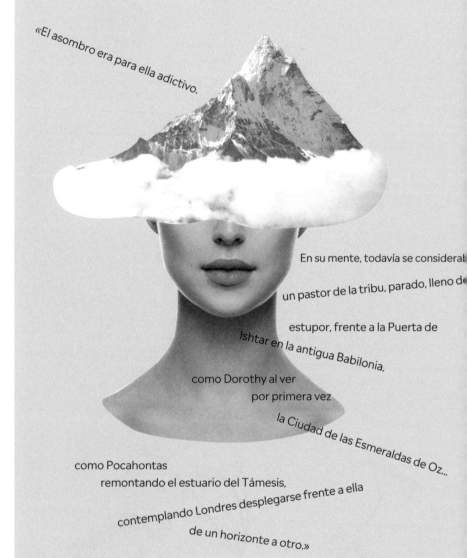

«El asombro era para ella adictivo.

En su mente, todavía se consideraba

un pastor de la tribu, parado, lleno de

estupor, frente a la Puerta de

Ishtar en la antigua Babilonia,

como Dorothy al ver
por primera vez

la Ciudad de las Esmeraldas de Oz...

como Pocahontas
remontando el estuario del Támesis,

contemplando Londres desplegarse frente a ella

de un horizonte a otro.»

Carl Sagan, *Contacto*

STEFAN EDMAN

El biólogo que quiere una revolución del asombro

Cuando empezamos la investigación para este libro, nos topamos con el nombre de Stefan Edman, que ya en 2006 había escrito una obra titulada *El asombro*, que despertó nuestra curiosidad. Cuanto más leíamos, más interesante nos resultaba; llegaba al meollo del asunto. Un verdadero visionario del asombro. ¿Cómo es que entendió tan pronto que el asombro es importante para nosotros? Decidimos enviarle un correo electrónico para presentarnos, contarle lo que estábamos haciendo y preguntarle si quería compartir con nosotras sus pensamientos y experiencias. La respuesta llegó al cabo de unos días: «¡Claro! Venid a tomar un café».

WONDERJUNKIES
Personas para quienes el asombro es la fuerza motriz de sus vidas

—¡El mirlo! Su canto en primavera me hace feliz —exclama con un acento de Gotemburgo muy marcado. Alto y con una buena mata de pelo blanco, gesticula con las manos para subrayar la emoción. La energía es contagiosa, como si albergara todas las edades en un cuerpo de algo más de setenta años, en particular la del niño—. Pero también experimentar la naturaleza y los pájaros junto con otras personas, eso es genial y hermoso. Bueno, si me preguntas qué es el asombro, es justamente eso —continúa.

Es biólogo, zoólogo y ornitólogo, humanista y activista medioambien-

«Si estás estresado, hay una cura: ver la naturaleza como un "omeprazol gratis", una especie de espacio sagrado si anhelas la quietud, la conexión y un sentido de la vida más intenso.» *Stefan Edman*

tal, que ha dedicado su vida a experimentar y hablar del asombro.

Ya se trate de formar a niños, líderes comunitarios, profesores o directivos de Volvo, de aparecer en la televisión o escribir discursos para el primer ministro —normalmente en asuntos relacionados con el medio ambiente—, Stefan siempre ha procurado obtener una dosis de la magia particular del asombro. Ha escrito hasta la fecha más de cuarenta y cinco libros y miles de crónicas sobre el asombro ante la naturaleza y sobre la lucha por la Madre Tierra y la supervivencia de la humanidad. Con el conocimiento del biólogo y la habilidad del narrador de historias, capta la atención de su público a partir del pétalo de una flor. Un mísero centímetro cuadrado de una hoja verde contiene cuarenta millones de cloroplastos, cuya tarea consiste en absorber la luz solar, que ha recorrido 149.600.000 kilómetros antes de que 8,3 minutos más tarde entre en la hoja para que el dióxido de carbono y el agua se conviertan en carbohidratos y proteínas, alimen-

to para nosotros y otros animales. ¡Y en el oxígeno que hace latir nuestro corazón!

También le gusta hablar del humus. «Imaginad la cantidad de micelio que hay en un bosque de arándanos», exclama con los ojos brillantes. «¿Micelio?», preguntamos. «Sí, microscópicos hilos de hongos que forman extensas redes ramificadas debajo de la superficie del suelo. Tiene una importancia vital, porque ayuda a que el abeto y el pino absorban minerales. Si colocas los hilos de micelio de una carretilla de tierra uno tras otro, podrías dar dos vueltas alrededor de la Tierra. ¡80.000 kilómetros!»

Stefan Edman nos dice que estamos hechos de átomos formados por estrellas que ya no existen. De modo que cuando acariciamos nuestras mejillas tocamos polvo de estrellas. Cuando le toca hablar sobre el asombro para distintas empresas, puede empezar mencionando a los nematodos, unos gusanos que se arrastran bajo la tierra en la que nos encontramos. Son los animales pluricelulares más abundantes de la Tierra —y, sin embargo, desconocidos para el común de los seres humanos—. Edman subraya su importancia para la conservación de los ecosistemas, incluso en las grandes ciudades, bajo el asfalto. Mientras allí abajo los nematodos realizan su eterno trabajo, nosotros vamos a trabajar, dejamos a los niños en la escuela, compramos comida o miramos series en Netflix.

Stefan Edman cree que hoy en día corremos el riesgo de banalizar nuestra vida en una vorágine de consumismo, y todo por querer maximizar la felicidad.

«A veces es más bien un escapismo trágico, una huida de nosotros mismos y la auténtica vida que deseamos vivir.»

Cree que las cosas inútiles debieran valorarse más que aquellas útiles, y que sentarse un rato bajo el alcornoque es probablemente mucho más eficaz para alcanzar una vida plena que las listas de tareas.

«Si estás estresado, hay una cura, ver la naturaleza como una medicación gratuita, una especie de espacio sagrado, si anhelas la quietud,

la conexión y un sentido de la vida más intenso», dice.

Stefan Edman cree que debe producirse una renovación mental y espiritual dentro de cada persona. Propone una «revolución del asombro» como contrapeso a esa exigente búsqueda de bienes materiales que supuestamente conducen a la felicidad que domina nuestras vidas.

Propone restablecer el contacto entre nosotros y con todos los seres vivos de la Tierra. Cree que solo con una mayor humildad y una nueva perspectiva podremos desarrollar un amor más fuerte por lo que es verdaderamente importante.

«El asombro no nos convierte automáticamente en buenas personas, pero es una actitud hacia la vida muy infravalorada.»

Stefan Edman, biólogo, zoólogo, ornitólogo, humanista y activista medioambiental.

El ser humano

Cuando empezamos a escribir este libro no sabíamos mucho sobre el asombro. Lo experimentábamos a menudo y nos gustaba lo que esa emoción despertaba en nosotras. Y nos habíamos formado una idea bastante fiel de la investigación y los efectos del asombro —la curación, la reducción del estrés, el aumento de la agudeza mental, etcétera—. Eso hizo que nos interesáramos por las fuentes del asombro, es decir, aquellos lugares, situaciones y fenómenos que lo provocan. Muchos caminos llevaban a la naturaleza, pero también estaba el arte, la música, la habilidad humana, y luego, por supuesto, la fuente original, la más antigua: la espiritualidad. Pero lo que no habíamos previsto era que casi la mitad de las personas que experimentan el asombro afirmen que se produce con la apreciación de otro ser humano. Gracias a los investigadores que hemos conocido, ahora sabemos que es así.

Sentir asombro ante otras personas es experimentar una intensa emoción ante alguien y ante sus acciones. El asombro se despierta sobre todo ante la belleza moral de las acciones de alguien —como el valor, la fuerza interior o el carácter admirable de esa persona—. Puede tratarse de la emoción que experimentamos ante grandes líderes como Barack Obama, divulgadores del conocimiento como Hans Rosling, activistas de los derechos de la mujer como el cirujano Denis Mukwege, que recibió el Premio Nobel de la Paz por su labor contra la violencia sexual, frente a Tarana Burke, que inició el movimiento MeToo, o Tess Asplund, que se levantó contra el racismo durante una manifestación en Borlänge. Puede tratarse de tu vecino, que se preocupa de su prójimo de una manera excepcional, o de tu padre, que siempre te apoya, hagas lo que hagas. Pero también pueden ser personas que superan obstáculos y adversidades. En ciertas culturas, esa fuente de asombro es incluso más importante: en China, por ejemplo, más del sesenta por ciento del asombro surge ante otras personas. En esto hay algo bonito —y esperanzador—, ¿verdad?

Nos gusta compartir nuestro asombro con los demás. Con solo pulsar un botón podemos llegar a miles de personas y compartir con ellas lo que ha despertado nuestro interés. Artículos, películas, memes, historias que tú mismo has creado o que has encontrado en plataformas sociales como YouTube, Facebook, Instagram, Twitter y TikTok, o en las noticias. Y esto es algo que despierta fuertes reacciones emocionales que se comparten ampliamente. Los contenidos que nos enfurecen se comparten más que los que nos entristecen. La ira nos activa, mientras que la tristeza nos paraliza, y nos retiramos. El asombro es la emoción que más nos activa, supera incluso a la ira. Queremos compartir lo que sentimos cuando descubrimos el «periplo del héroe» de otra persona, o cuando vemos algo hermoso o increíblemente inteligente, como por ejemplo un importante descubrimiento en la lucha contra el cáncer. Presta un poco más de atención la próxima vez que tengas el impulso de compartir algo. ¿De qué tipo de contenido se trata?

LA VIDA Y LA MUERTE

Los cambios importantes en la vida merecen ser destacados. Según varios investigadores, las historias sobre acontecimientos y ceremonias que cambian la vida de alguien suelen ser fuentes para el asombro de la gente. Cuando realizan entrevistas cualitativas para complementar los datos duros de sus investigaciones, los participantes suelen contar sus experiencias personales de asombro ante el nacimiento y la muerte, las bodas y otras ocasiones similares. Eso ha sorprendido a algunos investigadores. Un participante en un estudio afirmó sobre la experiencia de dar a luz que era una persona antes y otra distinta después.

Lo mismo ocurre con la muerte, en la que preferimos no pensar y de la que no nos gusta hablar en nuestras sociedades actuales. La asistencia a los funerales, a los que vamos cada vez menos, se ha reducido a la mitad en los últimos veinticinco años. Con todo, muchos dicen que cuando han asistido al fallecimiento de un ser querido, han vivido un momento hermoso y mágico. Por no decir asombroso. Jenny-Ann Gunnarsson se sintió tan afectada por la experiencia del fallecimiento de su madre que quería encontrar la manera de estar presente en más ocasiones similares. Le parecía que aquellas ocasiones encerraban un significado muy profundo. Decidió convertirse en una *doula* de la muerte, es decir, una persona que asiste al moribundo y sus familiares en el proceso de morir. Crea el ambiente propicio para que el enfermo pueda morir en casa, ayuda a los familiares en las cuestiones prácticas, es un vínculo entre ellos y el sistema sanitario, y acompaña el duelo de las personas, ayudándolas a reconocer la muerte como una parte natural e importante de la vida. La madre de Jenny-Ann murió solo seis semanas después de que les dijeran que tenía una enfermedad en fase terminal, y la familia optó por dejar que muriera en casa con la ayuda de un equipo de cuidados paliativos. La mujer solo tenía sesenta y siete años. Jenny-Ann dice que fue increíblemente triste, pero, como pudo estar presente todo el tiempo, no sintió miedo, sino que se alegró de poder estar al lado de su madre. Jenny-Ann describe esa experiencia como delicada, pura e íntima, una experiencia muy poderosa, que en cierto modo casi la dejó extática.

Vio que podía ser un apoyo para otros y por eso buscó una manera de seguir haciéndolo. Primero se convirtió en empresaria funeraria y luego se formó como *doula* para el fin de la vida en el instituto Living Well, Dying Well, en Inglaterra. Steve Jobs, el fundador de Apple, murió en su casa, en su cama, rodeado de su familia. En su obituario en el *New York Times*, su hermana Mona Simpson escribió que las últimas palabras de Jobs fueron: «Oh, guau. Oh, guau. Oh, guau». Nadie sabe lo que realmente experimentó. La muerte sigue siendo un misterio para el que aún no tenemos respuesta.

Cuando uno ha experimentado la sensación de estar muerto, a menudo siente un profundo entusiasmo ante lo que acaba de vivir, y ante la vida en general. Las personas que dicen haber tenido una experiencia cercana a la muerte suelen cambiar su vida radicalmente. La mayoría dicen tener una mayor sensibilidad a la luz, los sonidos y los olores, y se vuelven más atentos y generosos; de repente sienten un amor incondicional por todos.

Bruce Greyson, profesor emérito de psiquiatría de la Universidad de Virginia, lleva más de cincuenta años estudiando este fenómeno y durante este tiempo ha acumulado una buena cantidad de documentación y miles de historias. Su investigación muestra, entre otras cosas, que esas experiencias no pueden ser desechadas como estados del sueño o alucinaciones. El asombro entra en juego porque se observa cómo los que experimentaron esa emoción —probablemente en uno de los estados más fuertes que se pueden alcanzar— se vuelven más prosociales, más amables y altruistas.

Reverencia y héroes cotidianos

Lleva un chubasquero amarillo y el largo pelo castaño recogido en dos trenzas. En la mano, un cartel con el texto: «Huelga escolar por el cambio climático». Ya sabes de quién estamos hablando: Greta Thunberg, activista y formadora de opinión. El 20 de agosto de 2018, con quince años, Greta empezó su propia huelga en Estocolmo. Frustrada, se sentó sola en el pavimento frente al Parlamento sueco para protestar por el hecho de que el cambio climático no fuera una prioridad en la agenda política. Su objetivo era sentarse allí todos los días durante tres semanas, hasta las elecciones del 9 de septiembre. Pero su acción duraría más tiempo. Y se convirtió en mucho más. Con muchos más.

Los medios se hicieron eco de la historia de la niña que inició su propia manifestación por el cambio climático y se empezó a correr la voz. En las entrevistas que le hicieron oímos a Greta decir cosas como: «El cambio climático es el problema de nuestro tiempo, las generaciones futuras no podrán cambiar lo que estamos haciendo ahora. Estamos llegando a un punto de inflexión del que no podremos volver atrás». Y: «Los líderes mundiales se están comportando como niños». Esto despertó el interés de la gente. Encendió la esperanza. Al día siguiente se le unieron otros jóvenes. Greta provocó una avalancha humana de seguidores que se sumaron a su acción. Sus huelgas se extendieron enseguida por todo el mundo bajo el nombre de *Fridays for Future*.

En la actualidad, millones de jóvenes de más de cien países se han declarado en huelga y se han manifestado por el cambio climático. Greta ha recibido una gran cantidad de prestigiosas distinciones, pronunció un encendido discurso en la ONU, se reunió y habló con muchas figuras y líderes de alto nivel que admiran su valor (Barack Obama, Arnold Schwarzenegger, David Attenborough; la lista es muy larga). En diciembre de 2018, el *Time Magazine* incluyó a Greta Thunberg entre los veinticinco adolescentes más influyentes del mundo, y en 2019 la nombró Persona del Año. El dalái lama dice en una carta que le alienta ver cómo inspira a otros jóvenes a expresar su opinión. La impresión que ha provocado es grande. La repercusión, enorme.

¿Cómo es posible que una sola persona pueda llegar a tener una influencia tan grande? La propia Greta dice que el Asperger que padece ha creado ciertas condiciones, una fuerza que la ayuda a ver el mundo de una manera diferente. Greta es única en muchos aspectos y, según la investigación que se ha hecho en el campo del asombro, nos atrae la gente que nos muestra aspectos de lo que puede ser un elevado sentido de la moral. En inglés se llama *moral beauty* a la belleza en las acciones y actitudes de otra persona.

En todas las épocas, hemos admirado a las personas que reflejan lo mejor del ser humano. Greta Thunberg pertenece al círculo de personas como Gandhi, Martin Luther King, Rosa Parks, la Madre Teresa, Nelson Mandela, Malala Yousafzai o el dalái lama. Hoy son iconos, pero al principio eran «solo una persona» que levantó la mirada y escogió trabajar por el bien común, y que muchas veces tuvo que pagar su lucha con el encarcelamiento, su vida, su cuerpo o su reputación.

Cuando en el marco de un estudio diversas personas han visto una película en la que la Madre Teresa trabaja con gente pobre y hambrienta en Calcuta, se ha podido observar cómo su nervio vago se activaba intensamente, un signo del asombro. Esas personas notaban que se les calentaba y expandía el pecho, lo que se asocia con la preparación para establecer vínculos sociales.

Ver a un Martin Luther King o una Greta Thunberg es presenciar algo grande, lo sentimos. Nuestro instinto inmediato es compartir la experiencia con otros, ya sea contándola, votando o manifestándonos, es decir, implicándonos en algo más grande que nosotros mismos. ¿Tal vez también entra en juego la humildad? El hecho de experimentar tal humildad ante la persona que impulsa estas causas de un modo tan valiente hace que también nos sintamos obligados a hacer algo, o por lo menos a sentir algo. Esto es lo que muestra un estudio publicado recientemente. Los investigadores descubrieron que cuando presenciamos algo tan poderoso y grande que afecta a nuestra visión del mundo tendemos a vernos menos importantes y a considerarnos parte de algo más grande. La consecuencia es que nos volvemos más humildes y prosociales.

LA ADMIRACIÓN Y EL ASOMBRO NOS VUELVEN MEJORES PERSONAS

Las personas inspiran a las personas. Un estudio descubrió que los sentimientos elevados (autotrascendentes) como la gratitud, la compasión y el asombro llevaban a las personas a comprometerse más con la familia, con conocidos como vecinos y compañeros de trabajo y otros grupos. Los vínculos parecen ser especialmente fuertes cuando se deja de lado el interés personal. En su lugar, tenemos contactos más satisfactorios y forjamos relaciones más estrechas estando ahí para la otra persona, por ejemplo, cuando queremos ayudar o tomamos un desvío extra o simplemente teniendo en cuenta a alguien. Quizá la presencia de sentimientos como la compasión, la gratitud y el asombro puede explicar por qué las relaciones humanas funcionan o no funcionan. En cualquier caso, los investigadores creen que debemos hacer uso de este conocimiento, utilizarlo cuando debamos afrontar los problemas que suelen surgir en los grupos. Pienso en lo que eso puede aportar. La compasión hace que te preocupes más por los demás. La gratitud crea compromiso y confianza. El asombro, que potencia la capacidad de establecer conexiones y reduce nuestro ensimismamiento, contribuye a aumentar la solidaridad.

SOBRE REYES Y GENTE COMÚN

Existe otro estado de asombro en relación con las personas a las que admiramos. Llamémoslo «asombro reverente». Se trata del sentimiento que a veces puede surgir cuando estamos ante una personalidad que representa poder, celebridad, idolatría o posición. Reyes, futbolistas, presidentes, personalidades de la televisión, estrellas de cine, artistas: todos ellos pueden despertar esta sensación en nosotros.

Pero ¿surge solo ante una persona a la que admiramos, sea un líder carismático o una celebridad? Algunos investigadores de la Universidad de Pensilvania decidieron averiguar si el asombro podía suscitarse también en las relaciones interpersonales, es decir, entre tú y yo, entre la gente común. Este fue el primer estudio llevado a cabo para medir si un ser querido próximo a nosotros o alguna otra persona importante para uno puede suscitar asombro. Además de realizar medidas cuantitativas, también se decidió profundizar a través de un estudio cuantitativo en las historias de los participantes. De este modo se pudo saber cómo se sentía la persona, qué tipo de relación había entre ella y la persona por la que sentía asombro. Un hombre dijo: «Sentí asombro, entre otras muchas emociones, cuando vi y escuché cómo reaccionó mi esposa ante el diagnóstico que le comunicó el oncólogo del hospital. En pocas palabras, le dijo que iba a morir, cuánto tiempo de vida le quedaba y lo que podían hacer para reducir su sufrimiento. Su comentario fue: "Pues ya lo sabemos. Gracias por toda la ayuda". Era más fuerte que yo». Que el asombro surja no solo frente a personas por algún motivo célebres da que pensar. Los investigadores descubrieron que la percepción de muchas personas sobre sus seres queridos cambió después de vivir fuertes experiencias de asombro, y creen que lo cotidiano ofrece un campo muy fértil para ello. ¿Y si el asombro, que normalmente es una reacción ante algo extraordinario, es también una reacción extraordinaria ante algo corriente? ¿Y si la vida cotidiana es una fuente de fuerza e inspiración mayor de lo que muchas veces parece?

Amistad: relaciones profundas

Hablemos de cómo el filósofo griego Aristóteles veía las relaciones interpersonales, mejor dicho, de cómo veía la amistad. Distinguió tres tipos: 1. *La amistad útil* es la que sirve a un fin. Se forjan relaciones porque es bueno tenerlas, porque pueden dar algo. Una típica amistad de este tipo es la que puede darse entre colegas o conocidos de negocios. Cuando ya no hay nada que ganar u obtener, se acaba la relación. 2. *La amistad placentera* te hace feliz, es emocional y apasionada, y dura mientras uno cree que es divertida. Si estas dos primeras amistades «simplemente ocurren», la siguiente se elige cuidadosamente. 3. *La buena amistad* se basa en la apreciación muta de los puntos fuertes y las capacidades de cada uno. Aquí es la persona la que está en el centro. Esta amistad necesita tiempo y cuidados para desarrollarse, pero genera confianza, admiración y asombro para toda la vida, sentimientos que son recíprocos.

Ser visto por lo que uno es crea fuertes vínculos, pero también despierta emociones fuertes. En 2010, la artista Marina Abramović celebró la *performance* más larga del mundo en el MoMA de Nueva York. Durante casi tres meses, 750 horas, ocho horas al día, se sentaba en una silla y miraba profundamente a los ojos al visitante que en ese momento se había sentado en la silla colocada frente a ella. Dos sillas con una mesa en medio. La participación de los visitantes era necesaria para la *performance* y al comisario le parecía que el asunto era muy delicado. Pero no tenía por qué preocuparse. El acontecimiento atrajo al público masivamente. Los visitantes hicieron cola durante horas, llevaban sacos de dormir y pasaban la noche fuera del museo para ser los primeros de la fila. Marina comentó: «El MoMA era como Lourdes». Todos querían ver. Setenta y ocho visitantes volvieron veinte veces para sentarse frente a Marina, que estaba sentada con un vestido rojo brillante de lana gruesa que le llegaba hasta los pies. Con los ojos fijos, en plena presencia. *The Artist is Present.*

Muchos de los visitantes se emocionaron hasta las lágrimas, al igual que ella misma. Algunos estuvieron sentados durante horas y luego dijeron que les habían parecido minutos. Cuando todo había terminado, miles de extraños se habían sentado en aquella silla y se habían emocionado profundamente. En el documental que se realizó, Marina Abramović intenta explicar el efecto que ella tuvo, diciendo que solo había reflejado el propio yo de las personas. Todo lo que hizo fue verlos de tal modo que ellos se vieran a sí mismos. Y añade: «Nunca he visto tanto dolor».

LEIGH ANN HENION

La escritora que quería reconquistar la curiosidad de la niña

Vienen cada otoño. Primero en grupos pequeños, luego llegan más y más. Unos pocos cientos se convierten rápidamente en miles, que luego acaban sumando millones. Pronto colorean los árboles de un naranja ardiente y el revoloteo de tantas alas hace que el cielo apenas pueda verse. Es un espectáculo sin comparación. Son mariposas migrantes de la especie monarca. Han venido volando desde Estados Unidos y han aterrizado en las montañas de México, tras un viaje inimaginable de 5.500 kilómetros. Aquí los pinos son buenos lugares de descanso para las magníficas mariposas, que forman grandes y pesados racimos

WONDERJUNKIES
Personas para quienes el asombro es la fuerza motriz de sus vidas

en las ramas de los árboles. No se ve ni la más diminuta porción de árbol, están todos cubiertos de alas naranjas. Este acontecimiento es notable por varias razones. La primera es que no se sabe con certeza cómo es que las mariposas encuentran el camino de vuelta, a menudo al mismo árbol. La segunda es que las mariposas monarca adultas solo viven un mes, por lo que nunca ninguna mariposa hace el viaje de ida y vuelta.

Cuando en 2007 la escritora norteamericana Leigh Ann Henion recibió el encargo de hacer un reportaje sobre la migración de la mariposa monarca, no sabía nada sobre el tema. Era un encargo como

«Necesitaba estar más cómoda con el misterio, con el no saber.» *Leigh Ann Henion*

muchos otros, aunque, una vez allí, en una montaña de Sierra Chincua, rodeada de millones de mariposas, aquello se convirtió en una de las experiencias más emocionantes de su vida. No podía dejar de pensar: «Si esto existe, ¿qué otras cosas no conozco?».

Con el nacimiento de su primer hijo, pone una pausa a la aventura y el deseo de experimentar. Para su sorpresa, dar a luz se convierte en su mayor experiencia de asombro. Lo describe así: «Cuando di a luz, sentí como si mi cuerpo estuviera al revés. Me convertí en un canal para la vida y la muerte. Fue extraordinario. Y aterrador. Era una mezcla feliz, una experiencia interior, espiritual y emocional al mismo tiempo. Fue abrumador. Y esto debe de ser el asombro, supongo, el hecho de que también contenga una pizca de miedo. Hace que te des cuenta de que eres parte de algo más grande que tú misma, como lo que se siente ante la infinitud del espacio o cuando estás delante de una enorme cordillera. Te sientes en contacto con todo. El asombro exige que no tengamos el control, algo que creo que es una

de las mayores enseñanzas de la maternidad, desde el primer momento. Lo de no tener el control no es algo a lo que los seres humanos estemos acostumbrados. Cuando reconocemos que formamos parte de algo más grande, también tenemos que aceptar que somos pequeños, que no tenemos todas las respuestas. Creo que eso es lo que me llevaba en busca del asombro, necesitaba estar más cómoda con el misterio, con el no saber».

La vida como madre de un niño pequeño no era lo que imaginaba. De repente siente que ha perdido no solo el control sino también el contacto con una parte esencial de sí misma. Se embarca en nuevas aventuras de asombro. El agua luminosa en una bahía de Puerto Rico se convierte en la primera parada. Sí, sabemos que es el plancton lo que produce el fenómeno lumínico, y no obstante, es algo muy especial. Luego se dirige a otros lugares. En su lista figuran, entre otras cosas, observar la aurora boreal en el Ártico y las tormentas eléctricas en Venezuela, así como visitar un volcán activo en Hawái. Poco a poco sus experiencias se convierten en un libro titulado *Phenomenal – A hesitant adventurer's search for wonder in the natural world* (Extraordinario: la búsqueda del asombro en la naturaleza de una aventurera reticente).

«Hoy elijo vivir una vida donde quepa el espacio para sentir el asombro. Durante mucho tiempo, el asombro era algo que yo ciertamente experimentaba, pero no me sentía cómoda hablando de ello. Simplemente, ese concepto era demasiado difícil de comprender siendo un adulto. Esa sensación es algo que atribuimos a nuestros hijos, o a la infancia, y que cuando nos hacemos mayores miramos casi con cinismo. No tomamos en serio a las personas que se vuelven locas ante el asombro y la belleza.»

Con más distancia, Leigh Ann Henion puede comprender que en su viaje no solo buscaba el asombro; se entregó para comprenderlo a fondo. Hoy cree que el mundo está lleno de cosas que pueden asombrarnos.

«La muerte de mi abuela, el tránsito tranquilo y solemne entre la vida y la muerte, es una de las mayores experiencias que he vivido. Tener hijos probablemente antes no habría estado en mi lista de las cosas que nos maravillan. No lo ha-

La escritora y periodista Leigh Ann Henion.

bría relacionado con experiencias como los eclipses de sol o la aurora boreal. Ahora sí.»

Cuando quiere volver a conectarse con el gran misterio, no tiene más que bajar al arroyo que queda cerca de su casa en Carolina del Norte. Allí se dirige hacia unas rocas y de repente aparecen las salamandras, unos especímenes muy antiguos, híbridos de algo viscoso que parece la síntesis de un pez, un lagarto, una serpiente y una rana. Este extraño animal acuático que sobrevive aquí en un estado inalterado desde la época de los dinosaurios recuerda a Ann que somos parte de algo mucho más grande. Una vez que empiezas a buscar la maravilla, la encontrarás en todas partes.

La habilidad

La habilidad y la brillantez, el talento, la agudeza, la destreza en su punto más alto, la pericia: nos maravillamos ante lo que es difícil de hacer o de conocer. A veces la pericia consiste en la capacidad humana de hacer algo más allá de lo físicamente posible. Otras veces se trata de lo que podemos lograr con el conocimiento, como inventar, construir, saber algo más allá de lo habitual.

Algunas personas tienen la capacidad de hacer las cosas más increíbles con sus cuerpos: controlarlos, llevarlos al límite, hacer movimientos que no creíamos posibles. El saltador de pértiga ruso Serguéi Bubka demostró, una y otra vez, que podía saltar cada vez más alto. Durante sus años de actividad, estableció un gran número de récords mundiales, superó 35 veces la marca y todavía hoy ostenta el récord mundial de salto de altura al aire libre, de 6,14 metros. Lo fascinante del ser humano es precisamente lo que puede lograr. El 8 de febrero de 2020, el saltador de pértiga sueco-estadounidense Armand Duplantis batió el récord mundial en pista cubierta al saltar unos inimaginables 6,17 metros. ¿Cuál es el límite?

En 1968, el francés Philippe Petit abrió un periódico en la sala de espera de la consulta del dentista. Cuando leyó la noticia de que en Nueva York se construirían dos torres gigantes que serían los edificios más altos del mundo, sintió vértigo. Supo inmediatamente que iba a caminar por un cable entre ellos cuando estuvieran terminados. Seis años más tarde, el 7 de agosto de 1974, a las 7.15, había llegado su momento. A una altitud de 416 metros, sobre un cable de dos centímetros de grosor, emprendió un paseo vertiginoso entre las Torres Gemelas (las torres del World Trade Center que fueron arrasadas en el atentado del 11 de septiembre de 2001). Lo hizo sin cuerda de seguridad. Durante cincuenta minutos, recorrió la distancia de ida y vuelta ocho veces. Llegó a arrodillarse en el cable para mirar hacia abajo y saludar al público que se había reunido en la calle, e incluso se tumbó y habló con una gaviota que daba vueltas sobre su cabeza. Miles de espectadores detuvieron su apresurado camino matutino para mirar estupefactos el espeluznante espectáculo.

LA CIENCIA NATURAL ACTIVA EL ASOMBRO

Cada año se otorga el Premio Nobel a los científicos de todo el mundo que se han distinguido en los ámbitos de la ciencia y la tecnología. Muchas veces eso nos da ocasión de llegar a conocer inventos y logros asombrosos. En el campo de lo microscópico, por ejemplo, se otorgó el premio de química de 2016 a Bernard Feringa, que había logrado crear un ascensor, un motor y un músculo a escala molecular. El simple intento de comprender lo pequeño que es esto desafía la mente. Estamos hablando de nanorrobots, herramientas tecnológicas que en el futuro podrían transportar medicamentos a distintas partes del cuerpo, dentro del cuerpo.

Los descubrimientos y acontecimientos de la ciencia activan el asombro. Un equipo de investigadores estudió las listas del *New York Times* de los artículos más enviados por correo electrónico durante un período de seis meses. Descubrieron que los lectores prefieren enviar contenidos positivos en lugar de negativos, y preferentemente artículos largos con contenido complejo. Algo que sorprendió a todos los implicados, incluidos los editores. Pero quizá lo más sorprendente era que los lectores preferían compartir artículos que despertaban su asombro —y de contenido científico—. Uno de los investigadores comenta: «En general, las emociones conducen a la acción, y el asombro es una emoción muy fuerte. Si acabas de leer un artículo que cambia tu forma de ver el mundo y a ti mismo, entonces quieres decirles a los demás lo que eso significa. Quieres transformar a los demás, compartir la emoción. Y si otros leen el artículo y sienten lo mismo, entonces esto nos acercará más». Dicho de otro modo, las personas que transmiten este tipo de artículos no desean impresionar a sus amigos. Su motivación es más importante: quieren crear una conexión emocional.

LA PRECISIÓN COMO HECHICERA

Dos veces al año, en los equinoccios de primavera y otoño, varios miles de personas se reúnen al pie de la pirámide de Chichén Itzá, situada en la península de Yucatán en México. Vienen desde distintas partes del mundo para celebrar ritualmente los equinoccios, pero también para ver un fenómeno notable. En un momento dado, los asistentes dirigen la mirada a la parte norte de la pirámide, construida por los mayas alrededor del año 1000 en honor al dios maya Kukulcán. En los equinoccios ocurre algo muy especial: entonces —y solo entonces— el sol proyecta sombras sobre la pirámide. Las sombras en los escalones forman un dibujo que produce la ilusión de dos serpientes que se deslizan por el flanco de la pirámide. El dibujo termina perfectamente en dos cabezas de serpiente talladas en piedra que rematan el final de la escalera. ¡Qué dramaturgia! Esto es solo un ejemplo de los grandes conocimientos de astronomía del pueblo maya, así como de su habilidad arquitectónica.

Un artículo del *New York Times* habla sobre la alarmante falta de infraestructuras que provoquen asombro en Estados Unidos hoy en día. Señala que ya no se construye ni se diseña como antes. Nos viene a la mente el puente Golden Gate de San Francisco, conocido como el proyecto imposible. Debía ocupar un lugar conocido por corrientes peligrosas y arremolinadas, tormentas y terremotos, factores que podrían destruir un puente en cualquier momento. Construir un puente de esas dimensiones y en condiciones así era un gran desafío, pero el arquitecto lo consiguió. En 1937 se terminó «el puente rojo», que se convertiría en la mayor hazaña de ingeniería de su tiempo. Con 1.280 metros de longitud y 67 metros de altura, fue durante mucho tiempo el puente colgante más largo del mundo. Más de diez millones de turistas visitan todos los años el soberbio monumento de San Francisco. En una app turística se puede leer: «Siempre me quedo mudo de asombro cuando veo el puente Golden Gate».

¿Habría sido esto así si se hubiera pintado de amarillo con rayas negras, como quería la Marina? ¿O a rayas rojas y blancas, como quería el ejército, para que fuera más fácil de ver por los aviones y los barcos? El público pensaba que debía ser negro, blanco o gris, como la mayoría de los edificios.

Fue el diseñador Irving Morrow quien consiguió convencer a todos de que el puente mantuviera el color rojo anaranjado de la primera mano de un color estándar antióxido. Cuando vio lo bien que contrastaba ese color con el azul circundante, decidió que ese tenía que ser el color oficial. Pero no sin resistencia.

El escritor Dave Eggers ha contado la historia de la creación del puente en el libro para niños *This Bridge Will Not Be Gray* (*Este puente no será gris*). En una entrevista, el autor señala la capacidad que tienen ciertas personas de cambiar la historia, dejando tras de sí algo duradero. En este caso, un brillante puente rojo anaranjado que no ha perdido ni por un momento su capacidad de deslumbrar y sorprender. El puente es una creación brillante en dos sentidos: por la habilidad de su arquitecto y por la capacidad del diseñador de ver más allá.

Talentos que nos dejan boquiabiertos

La cámara muestra la escena en gran angular mientras ella entra en el escenario con pasos decididos. Los zapatos de tacón blancos golpean el duro suelo de madera. El vestido dorado parece un poco pasado de moda, lo mismo que el peinado. Y las medias negras definitivamente no combinan con el conjunto. Sí, Susan Boyle no se caracteriza por su buen gusto, y aunque no parece especialmente vieja, da la impresión de ser mayor que muchas de las personas de su edad. Se sitúa en medio del escenario y la cámara cambia de ángulo. El jurado está compuesto por Piers Morgan, Amanda Holden y el temible Simon Cowell. Todo sucede el 11 de abril de 2009 durante otra audición del programa *Britain's Got Talent*. Simon le pregunta a Susan de dónde es. Ella responde que proviene de una pequeña localidad llamada Blackburn, en West

Lothian, se pone nerviosa, empieza a balbucear, pierde el hilo. Luego quiere saber cuántos años tiene. Cuando ella responde «cuarenta y siete», se oye un murmullo entre el público. Simon pone los ojos en blanco. Entonces Susan responde con un poco de arrogancia, meneando las caderas, y el jurado parece aún más escéptico. Susan asegura que quiere ser cantante profesional. Las cámaras recorren el público, acercándose a una mujer que se vuelve hacia su amiga y con su expresión facial demuestra lo descabellada que le parece esa idea. Cuando Susan añade que su sueño es llegar a ser como Elaine Paige —una de las intérpretes británicas más célebres—, se oye un murmullo de incredulidad desde la platea.

Las circunstancias parecen cada vez más adversas para la solterona de la pequeña localidad minera de Escocia que vive con la única compañía de su gato y que dice que nunca ha besado a nadie. Ha trabajado como cocinera en el West Lothian College y ha ayudado en una sociedad benéfica, pero ahora no tiene trabajo. ¿Cómo le irá? Empieza a sonar la música, va a cantar *I dreamed a dream*, del musical *Los miserables*. El jurado espera, el público duda, alguien se tapa la boca con la mano. Entonces Susan empieza a cantar. Y se oye un susurro que es más bien un «Aaah» fuerte y unánime. Vemos caras de asombro, bocas abiertas, cejas levantadas. El público no puede contenerse y aplaude espontáneamente. Los sonidos que salen de Susan Boyle son increíbles, tocan y conmueven una fibra muy profunda. Cuando termina, el público se pone en pie. Los miembros del jurado se ríen y parecen abrumados. Piers Morgan comenta: «Esta es la mayor sorpresa que me he llevado en mis tres años de jurado». Amanda Holden, otro miembro del jurado, dice: «Estoy muy contenta, porque sé que todo el mundo estaba en contra de ti. Sinceramente, creo que todos éramos muy cínicos y que esta es la mayor llamada de atención que jamás hemos sufrido. Solo quiero decir que ha sido un absoluto privilegio poder escuchar esto».

El periódico *The Guardian* escribió más tarde: «¿Ha habido alguien que se haya vuelto tan famoso tan rápido como Susan Boyle?». Sin duda lo que ha ocurrido con esta versión moderna de la Cenicienta es que ha sido difundida con avidez gracias a un medio que entonces está en su apogeo: Internet. Diez días después de la actuación de

Susan, el vídeo había sido visto cien millones de veces en YouTube. *The Guardian* compara el fenómeno con los Beatles, que tardaron varios años en alcanzar el mismo éxito. A Madonna le llevó una década. No, este tipo de fama no se puede comparar con ninguna otra.

La noticia de la solterona escocesa que cantó como un ruiseñor cayó como una bomba y se hizo viral. Hoy, el vídeo ya se ha visto 360 millones de veces. Es una cifra enorme. Su primer álbum, lanzado en noviembre de 2009, batió récords de ventas en su primera semana en el Reino Unido y se convirtió en el segundo álbum más vendido en Estados Unidos ese año.

¿Cómo se explica? Le preguntamos a Lani Shiota si este fenómeno está relacionado con el asombro, y ella asiente con la cabeza. Nos recuerda que el público, antes de que Susan empezara a cantar, había descartado la posibilidad de que aquella mujer de mediana edad, un poco torpe, con ropa pasada de moda y un comportamiento social desmañado, pudiera afinar siquiera una nota. Cuando eso ocurre y su voz es más que deliciosa y conmovedoramente perfecta, entonces se activan los dos componentes del asombro. En primer lugar, el público experimenta algo tan grande y complejo que no lo puede asimilar. ¡La voz! Están noqueados, situados enfrente de algo más grande que ellos mismos. En segundo lugar, no pueden contextualizar lo que está sucediendo. En sus cerebros no hay ningún espacio en el que Susan «pueda» cantar, las probabilidades son ínfimas. Y, sin embargo, lo hace de la manera más sorprendente, y tratan frenéticamente de entender cómo es posible.

Cuando nos enfrentamos a algo que nos parece demasiado grande e improbable, el tiempo se detiene. Y en esta pausa se escribe la historia de Susan Boyle. En la brecha que se abre entre el tiempo y el espacio el público escéptico es testigo de algo indescriptible. Entonces apenas si pueden esperar a compartir lo que acaban de presenciar. Canta muy bien, es cierto; pero nos atreveríamos a decir que se beneficia del sentido dramático de la televisión y de la inclinación natural del ser humano al escepticismo y el asombro. Nuestro asombro es nuestra incapacidad de entender cómo es posible lo que acabamos de ver y oír.

Incorporar el asombro en la arquitectura

La forma provoca emociones. Esto es especialmente cierto para la arquitectura, que es una de las áreas donde la habilidad es más crucial para la experiencia. El Museo Guggenheim de Nueva York, a pesar de su aspecto futurista, fue construido en 1959 por Frank Lloyd Wright. Probablemente fue su forma única, casi extraterrestre, lo que hizo que el edificio fuera utilizado en la película *Men in Black*. El interior tampoco te decepcionará: la experiencia vertiginosa continúa. Todo el suelo tiene la forma de una espiral ascendente. Es innegablemente asombroso.

Suecia también ofrece ejemplos en este campo. El Turning Torso de Malmö, su rascacielos más alto, se eleva 190,4 metros sobre el nivel del mar. Sin embargo, los mejores ejemplos son probablemente los espacios de nuestras iglesias. Seguro que has susurrado a tu vecino de banco que ese espacio transmite una emoción sagrada o grandiosa. El simple hecho de que en estos lugares la gente hable en general en susurros indica que está atravesada por una emoción. Y nosotros añadiríamos que eso es una expresión de asombro.

Todos los edificios tienen una función. Puede ser mantener el calor y dar cobijo, cuidar a los enfermos, transmitir conocimientos, almacenar y exponer objetos artísticos, reunir a la gente para debatir y tomar decisiones importantes o para reír, bailar o comer. La forma contribuye a esa función, pero el modo en que lo hace tiene también un aspecto emocional. Pensemos en los edificios clásicos que nos conmueven profundamente: el Taj Mahal en Agra, la Capilla Sixtina en Roma, la Sagrada Familia en Barcelona, el Burj Khalifa en Dubái y las pirámides en El Cairo. Construidos para impresionar, se alzan frente a nosotros y nos hacen sentir elevados, quizá en contacto con algo superior. Pero también pueden producir el efecto contrario, empujarnos hacia abajo, hacernos sentir más pequeños de lo que somos. En el pasado, para dar un ejemplo, los tribunales se construían de forma que el juez quedara situado por encima del acusado para resaltar quién tenía el poder. Albert Speer, arquitecto jefe de la Alemania nazi, es uno de los muchos ejemplos de arquitectos que diseñaron edificios que transmiten poder y control.

Hanna Negami, estudiante de la Universidad de Waterloo, decidió investigar la relación entre la arquitectura y las emociones, centrándose especialmente en el asombro. ¿Podría ser el propio edificio el que provocara asombro? y, si así fuera, ¿qué elementos del diseño del edificio lo hacían?

Ya sabemos que el tamaño influye a la hora de producir una sensación de grandeza e infinitud. También, que las grandes alturas y los árboles muy altos despiertan nuestro asombro. Hanna Negami desarrolló una escala de valoración con la que medía las características físicas de los edificios para determinar qué elementos provocaban una sensación de asombro. Evaluó sesenta fotografías de iglesias y otros edificios imponentes sobre la base de veinticuatro elementos de decoración, como los símbolos religiosos, la presencia de agua y las repeticiones. Encontró una correlación predecible entre las características arquitectónicas y la emoción provocada. Los interiores grandes con techos altos crean emoción. La riqueza de la ornamentación puede causar sorpresa. La luz y los elementos repetidos pueden producir sentimientos de felicidad, mientras que la falta de estas cosas puede causar miedo y asco. Se puede lograr una sensación de calma mediante la luz, repetición de elementos y espacios confinados. Lo que provoca asombro es la enormidad expresada en la altura del techo y su configuración, el tamaño y el contorno del edificio y la repetición de elementos. La ornamentación también contribuye a esa experiencia, en forma de cuadros, adornos, columnas y arcos, además de esculturas y obras de arte. Esto explica por qué las iglesias, los templos y otros espacios espirituales son una fuente de asombro.

A lo largo de la historia los arquitectos han tenido una comprensión intuitiva de todo esto y han diseñado elementos que despiertan el asombro en edificios dedicados a la reverencia y la contemplación. Pero hasta ahora la ciencia no nos ha permitido ver lo que sucede en el cerebro. Julio Bermúdez, profesor de arquitectura de la Universidad Católica de América, descubrió que los edificios dedicados a la contemplación estimulan partes del cerebro distintas que los edificios normales. Mostró imágenes a un grupo de arquitectos y estudió sus cerebros en un escáner IRMf. Los edificios destinados a la contemplación activaban las regiones del cerebro responsables de las impresiones emocionales y perceptivas, lo que indica que proporcionan una experiencia estética más intensa. Al mismo tiempo, observó que disminuyen la actividad de la red por defecto del cerebro.

En otras palabras, estos edificios no son «solo» bonitos, cumplen otra importante misión, y no únicamente en el plano personal. Imagina Estocolmo sin la Biblioteca Municipal, Roma sin la Basílica de San Pedro, Nueva York sin el Empire State Building. Imagina lo que estas construcciones añaden al espacio público. Belleza con la que regocijarse. Lugares alrededor de los cuales reunirse. Arquitectura para maravillarse.

Únete al circo

Entra en la carpa roja y blanca. Pero olvida el serrín y los animales estresados. Piensa en personas que han entrenado a la perfección sus cuerpos, en una hábil combinación de osadía y juego. Que dan saltos mortales y se cuelgan de los trapecios. Que se lanzan directamente al aire para ser atrapadas, con precisión milimétrica, por unas manos fuertes. Piensa en grandes alturas, espacios inmensos, ropas brillantes y resplandor. Piensa en el Cirque du Soleil. ¿Qué efecto de asombro podría tener en ti un espectáculo como este?

El equipo de circo canadiense Cirque du Soleil lleva seis años realizando una actuación espectacular en Las Vegas. Se trata de un show acuático llamado «O», con unas acrobacias que van mucho más allá de lo que nadie creía posible. En las funciones, la gente se echa a llorar de entusiasmo y los murmullos recorren el público. Exclaman «Oh», «Guau» y «Madre mía» cuando los artistas del circo realizan números que desafían a la muerte, en los que se despliega una belleza impresionante.

Convencido de que lo que atrae al público por miles es el asombro, el Cirque du Soleil contrató a Lab of Misfits (Laboratorio de inadaptados), un laboratorio comercial de investigación del cerebro. Querían saber cómo afectan sus espectáculos al público. ¿Provocan algo duradero en las personas?

El fundador del Lab of Misfits, el neurocientífico Beau Lotto, es un experto en percepción. Ha dedicado mucho tiempo a investigar cómo percibimos el entorno en función de nuestra propia versión de la realidad. La percepción consiste en los procesos del cerebro que interpretan la información de los sentidos, por ejemplo, los objetos, los acontecimientos, la palabra escrita y hablada, etcétera. Beau Lotto sostiene que el cerebro no ve el mundo tal como es, sino que solo vemos el mundo que creemos que tiene algún sentido ver.

Una vez que hayas entendido cómo funciona la percepción, puedes verte a ti mismo y, sobre todo, relacionarte con el mundo de una manera completamente distinta. El estudio que el Lab de Misfits realizó para el Cirque du Soleil fue recogido por importantes medios de comunicación como el *New York Times*, *Forbes* y *Fast Company*, pero aún no ha sido revisado ni divulgado en ninguna publicación científica. No obstante, dado que gran parte de las conclusiones a las que llegó el Lab of Misfits es coherente con otras investigaciones, queremos hablar del experimento.

El Lab of Misfits realizó este estudio en base a la experiencia de asombro de 280 personas durante diez actuaciones del Cirque du Soleil en Las Vegas. A ochenta de estas personas, se les pidió que llevaran pequeñas gorras blancas con cables y luces para medir su actividad cerebral durante los momentos de asombro. Los participantes también se sometieron a una serie de pruebas psicológicas y perceptivas antes y después del espectáculo. Entre otras cosas, se les pidió que dibujaran en un papel dónde se encontraban en relación con el resto del público. Los que experimentaron asombro se colocaron más cerca del grupo mayor (público), lo que para los investigadores indica que la persona se siente más cerca y más abierta al resto del mundo.

En otra prueba, se descubrió que los participantes que experimentaban asombro tenían más facilidad para gestionar la incertidumbre y la información que no coincidía con sus propias opiniones y conocimientos. Estos espectadores tenían menos necesidad de tener razón. Esto puede indicar una voluntad de asimilar la información que no coincide con las ideas preconcebidas. Así pues, el asombro puede volvernos más abiertos y comprensivos, y hacer que prescindamos de los prejuicios y los pensamientos estereotipados. Lo que a su vez puede volvernos más receptivos a nuevas ideas y posibilidades, y más tolerantes con las opiniones, cultura y formas de vida de los demás.

Congelemos por un momento a los acróbatas en el aire y pongamos en pausa la actuación del Cirque du Soleil y todo el experimento que hemos comentado para presentar los resultados de un estudio que el profesor Dacher Keltner y el investigador Daniel M. Stancato han finalizado recientemente.

Estos investigadores llegaron a resultados similares: concluyeron que cuando experimentamos el asombro nos volvemos más abiertos y comprensivos, y más inclinados a prescindir de los prejuicios. Midieron lo que sentían los participantes frente un tema concreto y ante personas que no estaban de acuerdo con sus puntos de vista, y les preguntaron acerca de temas muy controvertidos como la pena de muerte, el racismo en la policía y la inmigración. También analizaron cómo se sentían los participantes cuando tenían que relacionarse con personas con opiniones políticas completamente diferentes, por ejemplo, si eran vecinos. Descubrieron que el asombro los volvía más humildes y tolerantes con las personas con opiniones políticas distintas a las suyas. Se volvían menos críticos y menos seguros sobre sus propias opiniones.

Y ahora, el show puede continuar. En los espectáculos del Cirque du Soleil, el Lab of Misfits también pagó a los participantes del estudio para que soplaran globos generados por ordenador tanto como fuera posible, sin que estallasen. Cuanto más inflaban los globos, más dinero ganaban, siempre y cuando no reventaran. Como el ordenador determinaba cuánto podía inflarse el globo cada vez, era imposible predecirlo. La prueba mostró que quienes habían experimentado asombro tendían a correr más riesgos. Beau Lotto concluyó que nuestra necesidad de control disminuye y nuestra disposición a asumir riesgos aumenta.

Lo que acabamos de exponer son los resultados de las pruebas psicológicas y perceptivas de Lotto, que son coherentes con el estado actual de la investigación. Sin embargo, sus escáneres cerebrales mostraron que la actividad en las redes por defecto aumenta, lo que contradice varios resultados de la investigación sobre el asombro revisados científicamente. Como el artículo de Lotto aún no ha sido validado científicamente, hemos optado por dejar de lado estos resultados.

Lo que te pedimos que hagas ahora es precisamente enfrentarte a la información contradictoria y a la incertidumbre, que puede ser uno de los descubrimientos más importantes de la investigación sobre el asombro. Los científicos coinciden en que el asombro refuerza esta capacidad. En una charla TED, Beau Lotto dice que el asombro amplía el campo de posibilidades. No solo tiene el poder de cambiar nuestra propia vida, sino que también puede ayudar a cambiar la vida de los demás.

En general, a los seres humanos no nos gusta permanecer en la incertidumbre y no tener el control. Nunca habríamos sobrevivido en la sabana si no hubiéramos podido prever el peligro. El cerebro busca constantemente patrones que nos ayuden a entender y sistematizar lo que ocurre para detectar posibles amenazas y actuar frente a ellas. Es por eso que recurrimos a las experiencias pasadas y a preconceptos y tratamos de proyectarlos en el entorno. Pero para evolucionar tenemos que salir a lo incierto y atrevernos a exponernos a lo desconocido. Beau Lotto sostiene que nuestro cerebro o, mejor dicho, la evolución, nos ha proporcionado una solución a esto a través de una de las experiencias perceptivas más básicas: el asombro.

¿Cómo podemos aprovechar esta oportunidad? Bueno, podría ayudarnos a resolver los conflictos de forma más constructiva. En un conflicto estamos en lados opuestos y tratamos de convencer al otro de que tenemos razón. Es una situación en la que se espera que alguien gane, no una situación en la que intentemos aprender algo. Pero los conflictos son necesarios para que evolucionemos. ¿Podemos utilizar entonces el asombro para resolver los conflictos de un modo distinto? Sí, dice Beau Lotto.

Dado que el asombro nos vuelve más humildes y lo suficientemente valientes para flotar en la incertidumbre, no tenemos que estar en posesión de todas las respuestas. En lugar de poner todo nuestro esfuerzo en convencer al adversario, podemos hacer preguntas y tratar de entender al otro. El asombro que sentimos ante los espectáculos del Cirque du Soleil puede suavizar el odio y la ira, dice Beau Lotto.

Así que la respuesta a la pregunta sobre si el Cirque du Soleil y otras experiencias de asombro similares tienen un efecto en nuestras vidas cotidianas es «sí». Estas experiencias pueden tener una gran influencia sobre la ansiedad, el estrés y la polarización con las que vivimos. Beau Lotto aconseja que nos maravillemos tan a menudo como podamos, que nos comprometamos con el mundo con una mente abierta, que veamos posibilidades, que hagamos preguntas y busquemos lo imposible.

EL PODER DEL ASOMBRO

116

HANS ROSLING

El profesor que asombró al mundo

Terminó sus conferencias sobre el desarrollo mundial arrancándose la camisa almidonada. Frente al público se encontraba un hombre de mediana edad, pálido, algo falto de entrenamiento, con una camiseta de tirantes negra con lentejuelas doradas. Al son de un redoble de tambor, pidió el mayor silencio posible a los espectadores, que asistieron con asombro al espectáculo que se produjo a continuación.

De niño, a Hans Rosling, profesor de salud internacional, le encantaba ir al circo y ver a los malabaristas lanzar motosierras al aire y a los acróbatas hacer diez saltos mortales seguidos... Sí, le encantaba la

WONDERJUNKIES

Personas para quienes el asombro es la fuerza motriz de sus vidas

sensación de asombro que se despertaba en él cuando presenciaba algo supuestamente imposible. Quería ser artista de circo, pero a sus padres no les parecía una buena idea. En lugar de eso, empezó a estudiar Medicina en Upsala. Muchos de nosotros se lo agradecemos.

El popular profesor revolucionó el mundo haciendo comprensible lo aparentemente incomprensible antes de morir, el 7 de febrero de 2017, a causa de una enfermedad. Su misión fue superar la brecha de conocimiento entre cómo creemos que es el mundo y cómo es en realidad, el trabajo de toda una vida en la

«Si él, un profesor entrado en años y un poco encorvado, podía desprenderse de repente de su camisa y tragarse una espada entera, ¿qué no podía pasar?» *Sobre Hans Rosling*

formación de la población que tiene pocos equivalentes.

Pero ¿qué es lo que hizo con su camiseta negra de lentejuelas? Bueno, una de sus aspiraciones era asombrar a su público. Tal vez fuera incluso una de las razones por las que tuvo tanto éxito. Lo hechizó utilizando frases dramáticas y concisas, a sabiendas de que de otro modo es difícil asimilar los hechos. Como los hechos deben experimentarse, sus conferencias incluían también ejemplos teatrales y películas, imágenes e historias interesantes. Entre otras cosas, se valió de cajas de plástico para construir torres con las que ilustrar las curvas de desarrollo.

Pero guardaba otro as en la manga: lo que los productores de las exitosas charlas TED llamarían un auténtico momento «de impresión». En el caso de Hans Rosling, fue el momento en que se tragó la espada.

¿Recuerdas que soñaba con ser artista de circo? Apenas comenza-

da la carrera de Medicina, su sueño fue convertirse en... ¡tragasables! Sí, has oído bien. Durante una clase sobre el funcionamiento del esófago, un profesor muestra la radiografía de un tragasables. Aquello vuelve a despertar su sueño de la infancia: ahora sabe lo que será de mayor. Inmediatamente se pone manos a la obra y practica en casa con una caña de pescar. No va bien, solo consigue bajar unos centímetros antes de que la caña se detenga. Decepcionado, abandona su sueño. Pero, tres años después, mientras hace unas prácticas en un hospital, conoce a un anciano que tose. Siguiendo el protocolo, Hans le pregunta cuál es su profesión, a lo que el hombre responde: «Tragasables». Es el mismo hombre cuyo cuello había aparecido en la radiografía durante la clase. ¿No es extraña la vida? Hans ve su oportunidad e inmediatamente le pide consejo. Le dice que lo ha intentado, pero que no ha conseguido bajar mucho la caña. El anciano lo mira sorprendido y exclama: «Usted que es médico... ¡El esófago es plano! Solo se pueden meter cosas planas en el esófago. Por eso usamos espadas». Así que Hans se va a casa y esta vez empieza a practicar con una cuchara sopera. Sí, con un mango plano. Cuando más tarde encuentra una bayoneta de 1805, no tarda en convertirse en un consumado tragasables.

En su libro *Factfulness,* Hans explica que lo que fascina de los tragasables radica en que es un arte antiguo que ha cautivado a la gente en todas las épocas. Un arte que produce esa sensación de asombro que mueve a la gente a pensar más allá de lo obvio. Eligió con gran deliberación utilizar el truco al final de sus conferencias para mostrar cómo lo aparentemente imposible es posible. Si él, un profesor entrado en años y un poco encorvado, podía desprenderse de repente de su camisa y tragarse una espada entera, ¿qué no podía pasar? Su intención era subrayar lo erróneos que pueden ser nuestros juicios y cómo las ideas preconcebidas nos limitan, pero no para avergonzar al público por estar equivocado, sino para asombrarlo, inspirarlo y hacer que sintiera curiosidad. Para provocar la misma sensación que él había experimentado de pequeño en el circo: «Guau, ¿cómo es posible?».

Hans Rosling era médico y profesor de salud internacional en el instituto Karolinska.

La cultura

Cuando el poeta Tomas Tranströmer visitó la catedral de San Marcos, en Venecia, se conmovió tanto que, cegado por las lágrimas, tuvieron que conducirlo fuera. Comparó con la vida misma el hecho de que un espacio de la iglesia se escondiera detrás del otro. De vuelta en casa, en su habitación, puso en palabras el proceso mental que experimentamos cuando sentimos asombro y escribió el poema *Arcos romanos*, tantas veces citado: «No te avergüences de ser humano, ¡debes estar orgulloso! En tu interior, un arco tras otro se abre sin cesar. Nunca serás una obra terminada, y así es como debe ser».

En Estados Unidos, una de las poetas más leídas del país, Mary Oliver, canta a la naturaleza y a la belleza: Déjame preguntarte esto. ¿Tú también crees que la belleza existe por alguna fabulosa razón? Y, si no te has sentido encantado por esta aventura —tu vida—, ¿qué lo lograría?

Las dos estamos amorosamente atrapadas en las garras de la literatura. Bodil Malmsten, Marianne Fredriksson, J. R. R. Tolkien, John Irving, Arundhati Roy, Marilynne Robinson y Elizabeth Strout son algunos de los nombres que figuran en las primeras posiciones de nuestra lista de libros maravillosos. ¿Qué autores te asombran a ti?

EL SONIDO ENVOLVENTE (*SURROUND*) Y EL EFECTO ANTIINFLAMATORIO

La música es la forma cultural que más fácilmente provoca el asombro. Incluso Dacher Keltner, apasionado del arte, dice que la música es una fuente más fuerte y directa. Es un atajo inmediato para emocionarse y crea muchos momentos en los que se nos pone la piel de gallina y se nos hace un nudo en la garganta. Probablemente porque la música es muy accesible y fácil de consumir. Está en todas partes y rara vez requiere conocimientos previos. Keltner también sostiene que sonidos como el om y los cantos —de hecho, toda la herencia religiosa de la música coral y de órgano— son fundamentales para el asombro. Las experiencias sonoras orquestadas con acumulaciones que se intensifican y complican erizan los pelos de los brazos y las piernas.

La investigadora Jennifer Stellar, responsable de innovadores estudios sobre la reducción de los niveles de inflamación en el cuerpo producida por el asombro, hace unos años empezó a estudiar el modo como el arte nos afecta biológica y emocionalmente. Ha medido la frecuencia cardíaca y respiratoria junto con los niveles de cortisol de trescientas personas que visitaron una exposición de arte. Estamos esperando con gran interés los resultados, que todavía se están analizando. Jennifer Stellar espera comprobar que el asombro que despierta el arte conduce a la disminución de los niveles de cortisol. «Sería fantástico poder documentar estos efectos y demostrar así que las instituciones de arte y música tienen un lugar importante en nuestra sociedad, que no solo ayudan a la gente a ser feliz, sino también a encontrarse mejor», dice en una entrevista.

El asombro en el arte tiene incluso una palabra propia en español: *duende*. Se traduce como: «El misterioso poder que tiene el arte que puede afectar profundamente a una persona. O una mayor sensación de pasión». Un ejemplo puede ser el fotógrafo Erik Johansson. En su exposición *Places beyond* presenta mundos que creemos conocer, y luego provoca el asombro cuando nos damos cuenta de que tenemos que reevaluar lo que creíamos ver. Si no has visto sus imágenes, búscalas en Google. Son divertidas e invitan a la reflexión al mismo tiempo. Y una investigación reciente muestra que las personas que van al teatro o a una exposición de arte como mínimo una vez al mes pueden reducir su riesgo de muerte en un 31 por ciento en comparación con las que nunca lo hacen.

¿Sabes cuál es el palacio del asombro de nuestro tiempo, al menos según Jason Silva, futurista, filósofo y creador del canal de YouTube *Shots of Awe*? Los cines Imax con sonido envolvente. Según él, son el equivalente contemporáneo de las catedrales góticas. Porque en la oscuridad del cine se alimenta nuestro deseo de ser absorbidos por algo más grande. Cuando nos sumergimos en películas como *Apolo 13*, *Interstellar*, *Matrix* o *Inception*, podemos tener experiencias extáticas que apagan nuestra autoconciencia. Nos permitimos soñar y perdernos en fantasías, al tiempo que nos sentimos liberados de la alienación y la fragmentación que tan a menudo podemos sentir. En el pasado podíamos experimentar esto en las catedrales, con la luz que se filtraba a través de las vidrieras coloreadas, la imponente altura del techo, la sensación de reverencia y el estruendo de la música del órgano. Hoy, los cines se han convertido en los altares de nuestro tiempo.

Las notas y las vibraciones penetran directamente

Una sola nota navega durante mucho, mucho tiempo en el mástil de la guitarra. Se queja, se encrespa, se arquea. Acaricia con un golpe que es a la vez distinto y suave. Y que perdura. Y se queda ahí. Y ahí sigue. Carlos Santana no suelta la nota mientras cambia de forma, color y vibración. Estamos hablando de la versión en vivo de *Europa* de Santana, que puede ilustrar el poder de asombro de la música. Es una de nuestras canciones favoritas, y de Lani Shiota, que nos explica que la razón por la que produce asombro es cómo Santana juega con una sola nota durante varios compases y la convierte en algo espectacularmente complejo. «Por eso la versión en vivo de la canción se ha vuelto inmensamente popular.»

Lani Shiota dice que la música es un estímulo característico del asombro. La música tiene una originalidad y una complejidad inherentes. El punto de partida es la nota, un sonido con una frecuencia audible y que contiene varios tonos parciales o sobretonos. Son estos sobretonos —el hecho de que una nota contenga un acorde entero— los que permiten a Carlos Santana hacer que la misma nota suene de varias maneras distintas. Y es precisamente esta complejidad de la música lo que produce asombro. Surge cuando el cerebro asimila e intenta descifrar los patrones que forma la música. Los patrones pueden ser los temas, por ejemplo, que son la base sobre la que se construye el resto de la canción, como en *Purple Rain* de Prince o *You can't always get what you want* de los Rolling Stones. O armonías de series de notas que se superponen y se empujan en diferentes direcciones, como en *Down by the river to play* de Alison Krauss. Y distintos tipos de canon donde diferentes personas o instrumentos comienzan el mismo tema en distintos momentos, como en el musical *Rent* y la canción *Will I*. Pero los patrones también se construyen en capas sobre capas de instrumentos y en diferentes pistas, como en *Heaven Knows* de Donna Summer & The Brooklyn Dreams. Por no hablar de que el lenguaje y el ritmo pueden formar patrones: tomemos como ejemplo el rap *Mo Money, Mo Problems* de The Notorious B.I.G. Por último, pero no menos importante, la única nota con la que Carlos Santana creó un universo propio de asombro.

Tal vez te hayan arrebatado alguna de estas canciones. O tal vez no. La experiencia de la música es completamente individual, por lo que es difícil investigar sobre el asombro en este ámbito. La misma música que puede hacerte saltar de alegría, puede entristecer a otra persona. También escuchamos cosas distintas y tenemos distintas capacidades para apreciar lo que oímos según lo entrenado que tengamos nuestro oído.

Sin embargo, algunos investigadores han descubierto que sobre todo experimentamos asombro cuando escuchamos el género llamado *upbeat*, es decir, música con ritmo, como en el country, el pop, la música religiosa y bandas sonoras. Le sigue la *música reflexiva y compleja*, como la música clásica, el jazz, el blues y la música folk, y luego la *música enérgica y rítmica* como el hip-hop, el R&B/soul y la música electrónica. Cuando menos asombro se experimenta es con la *música intensa y rebelde*, como el metal y el rock. En estos cuatro géneros musicales, la experiencia de la felicidad predijo el asombro, lo que es coherente con la suposición de que el asombro es una emoción positiva.

Tú sabes mejor que nadie lo que te asombra cuando escuchas música. Los estudios demuestran que siempre son los propios gustos musicales los que más asombro producen. Con independencia de lo que escuches. La música que te resulta familiar también tiene una mayor capacidad de provocarte escalofríos y piel de gallina que la música que no has escuchado antes. La música que resulta atractiva y fascinante en su estructura, es decir, la que contiene crescendos, es una fuente segura de asombro. El investigador David Yaden sostiene que «la música tiene la capacidad de activar la imaginación del oyente y abrir espacios infinitos en nuestro cerebro».

El impacto de un cuadro

Para la artista Jennifer Allison, una vida sin arte es una vida sin asombro, y una vida sin asombro no merece tal nombre. Su enfermedad, el trastorno de procesamiento sensorial, amplifica la impresión sensorial, de modo que todos los sonidos resultan abrumadores, la ropa se convierte en papel de lija contra el cuerpo y el número cuatro es el color azul. El bullicio que se oía en el cerebro de Jennifer cuando crecía era insoportable. Para hacer frente a tal situación, empezó a automedicarse, primero con alcohol y luego con drogas. Estuvo atrapada en una adicción cada vez más fuerte hasta el día en que tuvo una epifanía en la que el mundo entero se transformó en un gran lienzo y ella formaba parte del motivo. Esto la llevó a pintar y, de repente, encontró una forma de canalizar todas sus impresiones. Hoy ya no quiere prescindir de la percepción única que potencia su capacidad de asombro. Está convencida de que el asombro es importante para su bienestar, pero sobre todo está agradecida porque le da la perspectiva para ver el panorama general. «El asombro nos mantiene con los pies en la tierra y en contacto con los demás. Y esto es "verdaderamente asombroso"», dice en su charla TED.

El arte de Jennifer Allison muestra claros signos de cosas que producen asombro en el arte: la naturaleza y muchos árboles altos y esbeltos. Pero cuando ella describe su experiencia, habla sobre todo de la luz. Cómo cae detrás de las hileras de árboles, crea sombras y forma brillantes puntos de luz. El filósofo Edmund Burke se refirió precisamente a los patrones repetidos de luz y oscuridad al hablar de lo sublime en el arte, es decir, lo que provoca asombro. La luz contribuye a la ilusión de que hay algo en lo oculto, lo cual es un factor de asombro. El cerebro tiene que esforzarse para percibir lo que ve. Ya sabes: el cerebro quiere ver patrones.

Cuando se habla del asombro se mencionan a menudo a Claude Monet y sus cuadros de nenúfares. De nuevo, todo es una cuestión de luz. Monet es un maestro captándola. Antes de las pinturas de nenúfares, pintó una y otra vez la catedral de Ruán en distintos momentos, y puede que conozcas su gran pasión por los almiares (montones de heno o paja), donde la luz también era un elemento fundamental. Pero son los brillantes nenúfares del jardín de Giverny los que le dieron fama mundial. Él y varios de sus colegas contemporáneos crearon todo un movimiento artístico bautizado a partir del título de uno de sus cuadros, *Impresión. Amanecer.* Un detalle divertido para todos los fanáticos del asombro: la obra representaba un amanecer, fenómeno que se encuentra en el *top* tres de las fuentes de asombro.

La presencia de lo oculto de la que hablaba Burke también caracterizó el movimiento artístico que sucedió al impresionismo: el arte abstracto. A falta de motivos figurativos, lo interpretaban con amplias pinceladas y grandes campos de color. Aquí encontramos a artistas de la talla de Kandinski, Malevich, Mondrian y Rothko. Rothko dijo que «la gente que llora ante mis cuadros tiene la misma experiencia religiosa que yo tuve al pintarlos». Se considera que Vasili Kandinski fue el primero en pintar de forma abstracta, pero se conjetura que se inspiró en una artista sueca que alcanzó la fama mucho más tarde, Hilma af Klint.

¿Tienes su obra en mente? Grandes cuadros con campos de color monocromos con formas orgánicas, patrones y símbolos. Rosa. Amarillo. Naranja. Lila. Azul. Círculos, espirales, burbujas, caracolas. Esta mujer pintó sus primeros cuadros abstractos en 1906, tras recibir un encargo del mundo de los espíritus de ejecutar *Las pinturas para el Templo.* Hilma af Klint era espiritista y participaba con frecuencia en sesiones de espiritismo. Quería transmitir el mensaje de que todo es uno y el mundo no se limita a la dimensión física, sino que también hay un mundo interior. La serie alcanzó un total de 193 pinturas que, sin embargo, se le aconsejó no exhibir. De esta forma, su obra solo se dio a conocer 42 años después de su muerte.

«Entré en la sala donde estaba *De tio största*, su obra maestra, y me impactó. Se suele decir que se te ponen los pelos de punta. No fue así, pero fue una experiencia muy agradable. Reaccioné en cuerpo y alma. Y traté de entender lo que era.» Esto cuenta la periodista y escritora Anna Laestadius Larsson de la primera vez que se encontró con los cuadros de Hilma af Klint en el Museo Picasso de Málaga. Estaba allí para visitar la exposición permanente, cuando vio un pequeño cartel que anunciaba la exposición de una artista sueca que no conocía. No estaba nada preparada para aquellos colores puros y armoniosos, ni para el impresionante tamaño de los lienzos, que iban del suelo al techo, ni para el hecho de que cada pintura fuera un mundo propio, un universo particular, con montones de símbolos.

¿Describiría la propia Anna Laestadius Larsson esa sensación como asombro? «Para mí es el momento posterior a la experiencia física del impacto, casi como un hambre en el cuerpo, sí, el cuerpo y el alma cantan. Y se convierte en curiosidad; ¿qué es esto, de dónde viene? Quiero saber más sobre esto.» Sin saber nada sobre los efectos del asombro, asegura que cree que después de ver los cuadros de Hilma af Klint, uno se vuelve más humilde, más reflexivo y más abierto. «Es la experiencia artística más poderosa que he vivido nunca.» Anna se considera una persona bastante racional y teórica. Sus experiencias artísticas suelen ser sobre todo intelectuales, pero esta vez la experiencia resultó transformadora y le cambió la vida. Nada más salir del museo, llamó a su editor para decirle que su próximo libro trataría sobre Hilma af Klint.

COLOR Y FORMA

A veces incluso la naturaleza necesita un poco de ayuda para alcanzar un colorido asombroso. La creación de películas de realidad virtual para la meditación y el *mindfulness* ha llevado a la neurocientífica Katarina Gospic a descubrir que la experiencia del bosque debe ser reforzada artificialmente en su colorido para conseguir el efecto adecuado. En una película de realidad virtual llamada *Creating Awe*, el espectador sigue a un misterioso personaje por diferentes entornos como el bosque, el mundo submarino y el espacio. Es un proyecto combinado de arte e investigación para conocer si se puede utilizar la realidad virtual para provocar el asombro y lograr sus efectos positivos. Se utilizaron colores, movimiento, la narración de cuentos y música, y se descubrió que al 43 por ciento de los participantes se les puso la piel de gallina y manifestaron una mayor experiencia de asombro. Los investigadores también informaron de que los participantes daban menos importancia a sus propios problemas cuando se enfrentaban a la grandeza del mundo.

PATRONES Y REPETICIONES

Los patrones y las repeticiones provocan asombro. Por ejemplo, la herramienta de autoevaluación *Dispositional Positive Emotions Scale* pide a los participantes que confirmen afirmaciones como «A menudo busco patrones en los objetos que me rodean», como una de varias formas de determinar que es el asombro lo que están experimentando. En uno de los estudios del investigador Paul Piff se utilizó una película en la que gotas de agua coloreada caen en un cuenco de leche a cámara lenta. El espectador ve cómo cada gota hace que el líquido crezca orgánicamente por la superficie de la imagen como una montaña volcánica, y se queda embelesado con los patrones que surgen.

Los monjes budistas tibetanos han llevado los patrones y la creación basada en ellos a niveles verdaderamente excepcionales. Sus mandalas —el círculo eterno que se dice que representa el misterio cósmico— están hechos con arena de colores y con una técnica de precisión impresionante. Una multitud de patrones acaba formando uno solo. Los monjes se dedican a ello durante horas. Cuando el mandala de arena se muestra en todo su esplendor, es admirado por todos. Los visitantes o espectadores dan testimonio de fuertes emociones, de asombro, de arrebato. Después de que los presentes han asimilado la obra de arte, ocurre algo inusual: los artistas destruyen el mandala. Un ritual para recordarnos la naturaleza efímera de todas las cosas.

Esto nos hace pensar en uno de los grandes beneficios del asombro: el poder sentirse cómodo viviendo en la incertidumbre, el no tener respuestas, el no aferrarse a las imágenes (del mundo) existentes. Cuando nos enfrentamos a una ruptura de los patrones de pensamiento establecidos, puede filtrarse nueva información. Esto permite una nueva comprensión y nuevas conexiones. Así, el arte que desafía nuestra programación y sacude nuestras ideas preconcebidas fomenta el ingreso de nueva información que pertenece al mundo del asombro.

Que nos hayamos referido al potencial de asombro en el balanceo de los nenúfares de los cuadros de Monet o en los impresionantes cuadros de Hilma af Klint no garantiza lo que tú puedas sentir. Nadie más que tú puede saber qué desencadena tus lágrimas, el calor en tu pecho, el aleteo de células cerebrales felices o la piel de gallina. Quizá lo que despierta tu asombro son los patrones en las hojas de un helecho. O la belleza de un pequeño óleo del siglo XIX o la provocación mental de una instalación contemporánea. O puedes crear algo tú mismo. En los últimos años se ha puesto de moda colorear mandalas, a modo de ejercicio de meditación. Una perfecta combinación contemporánea para descansar la mente a la vez que se tiene algo maravilloso para crear y contemplar.

MARTINA DOMONKOS KLEMMER & GUNILLA PALMSTIERNA-WEISS

La artista y la comisaria al servicio del asombro

WONDERJUNKIES

Personas para quienes el asombro es la fuerza motriz de sus vidas

Cuando la acucian las preguntas sobre la vida o cuando se siente estresada, Martina Domonkos Klemmer se refugia en el Museo Nacional de Estocolmo. Allí, en las grandes salas, entre obras de arte, encuentra un denominador común de la humanidad: que todos nos planteamos la cuestión del sentido de la vida. Ve en el arte la cuerda de seguridad que ha atravesado los milenios. Cómo buscamos los pilares de la vida y cómo tratamos de representarlos. El amor, el dolor, la vida y la muerte. Cuando contempla el arte, siente esperanza y asombro. «No estoy sola, todos hacemos un esfuerzo.»

Martina Domonkos Klemmer creció en una familia de artistas húngaros, con un flujo constante de pintura, poesía y música. Hoy dirige el Dorothea Art Initiatives, donde comparte su pasión y promueve iniciativas relacionadas con el arte. Nos reunimos con Martina y una de las artistas que, con diferencia, le han causado una mayor impresión, la ceramista, escultora y escenógrafa de noventa y un años Gunilla Palmstierna-Weiss. Ambas están al servicio del asombro, aunque desde dos posiciones distintas: la de la observadora y la de la creadora.

Gunilla es mundialmente famosa por sus escenografías para producciones de Ingmar Bergman y Peter Weiss. Estuvo casada con este último y eran una pareja cosmopolita muy conocida en la vida cultural europea. Frecuentaban a Simone de Beauvoir, Jean-Paul Sartre, Anaïs Nin, Ulrike Meinhof y John Cage, entre muchos otros. Se implicaron política y culturalmente, tanto en el movimiento de protesta contra la guerra de Vietnam como en la revolución cubana. También formaron parte del círculo de intelectuales y artistas que a principios de la década de 1960 guiaron el desarrollo del Museo Moderno de Estocolmo.

«Cuando sientes asombro, estás tan absorto en algo que todo lo que hay a tu alrededor desaparece, y te identificas con lo que ves —dice Gunilla, y añade—: El asombro también inspira tu propio desarrollo. Pero yo no creo para despertar el asombro, nunca es mi propósito.» Lo que la impulsa es su curiosidad, experimenta consigo misma y con su capacidad.

La ceramista, escultora y escenógrafa Gunilla Palmstierna-Weiss y la comisaria Martina Domonkos Klemmer.

«Cuando sientes asombro, estás tan absorto en algo que todo lo que hay a tu alrededor desaparece, y te identificas con lo que ves.»

Gunilla Palmstierna-Weiss

En París, con apenas dieciocho años, se sintió atraída por seis tapices del xv, *La dama y el unicornio*. Fue su primera sensación consciente de asombro ante el arte. El dibujo, el simbolismo del color y las flores. Una experiencia poderosa que nunca ha podido olvidar. Setenta y tres años después, todavía conserva fotos de los tejidos rojos y dorados.

Desde el principio tuvo claro que se dedicaría al arte. Tras vivir la Segunda Guerra Mundial en una Róterdam arrasada, buscó en Ámsterdam a un profesor de arte que había huido de la escuela de la Bauhaus de Alemania. Cuando se negó a aceptarla como alumna por ser mujer, ella se sentó ante la puerta de su estudio todas las mañanas durante una semana hasta que la dejó entrar. Tras un año de aprendizaje, obtuvo una pequeña jarra torneada. Más tarde, en Suecia, dirigió su propio taller de cerámica en Skansen, empezó a hacer grandes esculturas, principalmente de pared, y trabajó en la escenografía. Poco a poco, la escenografía ocupó por completo su actividad artística. Sigue en activo, y hace tan solo dos años fue reconocida con una importante exposición individual en Pekín.

Martina Domonkos Klemmer experimentó el tipo de asombro que sentimos por otras personas cuando leyó las memorias de Gunilla *Minnets spelplats* (*El patio de recreo de la memoria*). Lo describe como una experiencia puramente física. «La pasión, el conocimiento, la obra maestra.» Cómo Gunilla ha vivido a través del arte y cómo éste ha sido su tabla de salvación tanto en los buenos como en los malos momentos. «El asombro también puede ser triste —dice Martina—. Como cuando lloramos con una pieza musical, no de forma desgarradora, como cuando alguien muere y lloramos con una tristeza hermosa.»

El asombro puede ser una breve experiencia en la que casi se pierde el aliento, ante un cuadro o un amanecer. Pero también existe el asombro a largo plazo, cuando algo te entusiasma tanto que lo conviertes en tu vida. Tal como han hecho ambas. Pero incluso las fuentes de asombro cambian. Martina se ríe de lo irrelevante que antes pensaba que era la naturaleza. Solo quería entregarse a personas interesantes. Cuando nos encontramos, acababa de regresar de Nueva Zelanda, donde ha quedado cautivada por un parque de esculturas en el que unos cuarenta artistas han creado cada uno una obra de arte en medio de colinas, árboles y flores, con el horizonte y el mar como telón de fondo. «Allí sentí el asombro a muchos niveles. En el arte en sí, pero también en la naturaleza, como obra de arte de Dios, y en mi familia, como mi propia obra de arte.»

Gunilla, con su larga perspectiva, está de acuerdo en que lo que te produce asombro cambia con el tiempo. Pero también hay cosas que te asombran que poco a poco se convierten en algo completamente cotidiano. «Por eso es tan importante conservar la curiosidad —dice Gunilla—. El día que la pierdes, adiós, ya te puedes morir.»

«Ve en el arte la cuerda de seguridad que ha atravesado los milenios. Siente esperanza y asombro. Siente que no está sola, sino que todos hacemos un esfuerzo.»

Sobre Martina Domonkos Klemmer

Tercera Parte

La espiritualidad

La vida es bella. Muchas veces, quedarse sin respuestas a las grandes preguntas también es un reto y un misterio. Sentir la fuerza interior, ser parte de una comunidad y experimentar el sentido de la vida es algo que los seres humanos siempre hemos buscado. Para compensar o complementar lo que nos falta.

Muchos consideran que esto entra en el ámbito de lo que llamamos espiritualidad. La espiritualidad, que se basa en la creencia de que hay algo más grande que nosotros mismos, nos ha acompañado a los seres humanos desde el principio de los tiempos. La espiritualidad toca y absorbe, construye y da sentido. Une y divide. Atrae, y no solo lo hacen las religiones establecidas y organizadas. También buscamos una serie de lugares y personas que prometen inspiración espiritual. La presentadora e icono de la televisión Oprah Winfrey —seguramente no necesita más presentación— durante mucho tiempo presentó a portavoces espirituales. Los entrevistó en su programa. Pero hace algunos años dio un paso más: presentó cien visionarios que a su juicio están haciendo progresar a la humanidad con su energía espiritual. En esa selección había una serie de figuras consagradas que tal vez ya conozcas: escritores, oradores y líderes espirituales como Brené Brown, Esther Perel, Deepak Chopra, Eckhart Tolle, Tony Robbins, Elizabeth Gilbert y Marianne Williamson. Juntos, influyen en millones de personas de todo el mundo.

Sentimos un fuerte deseo entender por qué estamos aquí y hacia dónde vamos, así como de encontrar algo que nos inspire y un sitio al que pertenecer. Los lugares en donde nos hacemos las grandes preguntas de la vida pueden variar, pero estas no dejan de aparecer, una y otra vez, a lo largo de la historia. La filosofía, la meditación, el yoga y el *mindfulness* son ejemplos de aquellos espacios a los que recurrimos para encontrar paz espiritual, y en los últimos diez años estos movimientos han experimentado un crecimiento explosivo. ¿Y tú? ¿Buscas experiencias espirituales, respuestas a las grandes preguntas de la vida?

Numerosas investigaciones demuestran que la espiritualidad aporta beneficios para la salud. Las personas que van regularmente a las iglesias y los templos viven más tiempo. La religión y la comunidad influyen positivamente en la salud mental y la satisfacción vital. En la Universidad Hebrea de Jerusalén se investigó cómo las visitas a templos e iglesias pueden estar relacionadas con el tamaño de las redes sociales de las personas y su mayor longevidad. Encontraron explicaciones de la longevidad de los visitantes en factores tanto sociales como espirituales. Las personas que solían ir a templos o iglesias sentían que pertenecían a una comunidad y que su vida tenía un sentido. Los investigadores también descubrieron que la fe parecía proporcionar una fuerza interior. Aunque la religión no se puede equiparar sin más con la felicidad, se ha visto que las personas que practican activamente su fe son más felices que las que tienen una religión pero no la practican y que los no creyentes. No tienes que ser religioso para vivir una vida larga y satisfactoria, pero ciertamente los estudios dan que pensar. Al menos han dado que pensar a quienes ahora están investigando el asombro y la espiritualidad.

Cuando íbamos a escribir este apartado, enviamos un correo electrónico a David Yaden, que ha investigado el tema del asombro y la trascendencia. Entre otras cosas, le preguntamos qué piensa sobre la interrelación entre la espiritualidad y el asombro, y contestó que es una pregunta complicada. Él y su equipo de investigación han descubierto que las experiencias de asombro suelen estar vinculadas a la espiritualidad, pero no a la religión. Por ejemplo, han observado que la oración y la meditación son catalizadores comunes del asombro, pero, como Yaden dice, también lo son la naturaleza y la música. Yaden ve que el asombro se experimenta a menudo en el campo de la espiritualidad, pero subraya que no es un componente necesario: el asombro se puede encontrar en todas partes.

ACERCARSE A LA ESPIRITUALIDAD SIN MEZCLAR LA RELIGIÓN

En Suecia tenemos una actitud moderada con respecto a la religión, pero en otros países las cosas son diferentes. En Estados Unidos, por ejemplo, la libertad de practicar la propia religión está consagrada en la Constitución, y es innegable que se trata de un país que da mucho espacio a Dios. Pero los tiempos están cambiando también en este ámbito, como se vio hace unos años, cuando se realizó un estudio demográfico sobre la relación de la gente con la religión y la espiritualidad. No es extraño que los que creían en Dios e iban a la iglesia hubieran nacido en los años cuarenta o antes. Entre los más jóvenes, la generación de los *millennials*, no eran muchos los que rezaban regularmente o iban siquiera a la iglesia. En cambio, casi la mitad de los jóvenes adultos decían que experimentaban *un profundo asombro por el universo*, al menos una vez a la semana. Tres cuartas partes de ellos experimentaban un fuerte sentimiento de gratitud, y la mitad afirmaban sentir *una profunda calma espiritual* al menos una vez a la semana. Puede que la religión institucional esté perdiendo su fuerza, pero la creencia en algo más grande sigue viva.

La investigación sobre el vínculo entre el asombro y la espiritualidad es un campo en crecimiento. Se están descubriendo cosas interesantes, como que el asombro en su grado más alto está ligado a nuestras experiencias espirituales, pero que estas surgen de diferentes maneras. En un estudio se pidió a un grupo de estudiantes que describieran un recuerdo que implicara una experiencia espiritual que los hubiera cambiado profundamente. La experiencia podía ser de carácter religioso o estar relacionada con alguna otra cosa que consideraran sagrada, como por ejemplo algo que hubieran sentido en la naturaleza o en los encuentros con otras personas, en el arte o la música. Los estudiantes informaron sobre una gran variedad de acontecimientos que les habían cambiado la vida, en los que sintieron asombro y un fuerte contacto con algo más grande que había marcado un antes y un después de esa experiencia.

Por lo tanto, es enteramente posible experimentar la espiritualidad sin que la religión intervenga para nada. Se confirmó que las experiencias espirituales pueden suscitar asombro tanto en personas religiosas como no religiosas, pero ambos grupos informaron sobre diferentes fuentes de su experiencia. Por ejemplo, era más probable que las personas religiosas experimentasen espiritualmente algo relacionado con su fe o con la vida y la muerte. Las personas no religiosas, en cambio, informaron de experiencias espirituales relacionadas con el yoga, la naturaleza, la ciencia, etcétera. Resulta evidente que todos parecemos tener *nuestra propia concepción* de lo que es espiritual. Esto nos abre la posibilidad de acercarnos a la espiritualidad sin la religión. En otras palabras, ¿pueden las experiencias de asombro y las emociones que las acompañan —por ejemplo, sentirse pequeño en el gran panorama de las cosas, o como una parte del todo— convertirse en los factores a los que nos referimos? El tiempo lo dirá.

LA ESPIRITUALIDAD VIVE EN EL CEREBRO

Un equipo de investigadores de las universidades de Yale y Columbia ha señalado en un estudio el lugar exacto del cerebro que se activa cuando los humanos atravesamos experiencias espirituales, ya sean provocadas por la religión o por otra cosa maravillosa. Se refieren a este lugar como el hogar neurobiológico de la experiencia espiritual y afirman que se activa cuando sentimos el contacto con algo que podría describirse como más grande que nosotros mismos. Estamos hablando del lóbulo parietal inferior (LPI). Esta parte del cerebro también se activa cuando nos volvemos conscientes de nosotros mismos y de los demás. Con la ayuda del escáner IRMf, los investigadores pudieron ver que los participantes en el estudio mostraban ondas cerebrales con patrones similares, incluso cuando reportaban diferentes fuentes de su experiencia espiritual. Así que, aunque tuvieran experiencias distintas, la prueba demostró una actividad cerebral similar.

¿Qué es una experiencia espiritual? Según los participantes, podría tratarse, dentro de un amplio espectro, de sentirse cerca de Dios, sentirse uno con la naturaleza o como parte de la humanidad. Pero también de algo tan simple como la sensación de euforia que puede experimentarse en un evento deportivo. Los investigadores concluyeron que una experiencia espiritual no tiene que ver con el ámbito de la religiosidad solamente, abarca mucho más.

Hemos citado varias fuentes de asombro. Desde el punto de vista de los investigadores, esto es interesante, porque este conocimiento puede ser utilizado para entender cómo podemos influir en nuestra salud mental, en cuestiones que van desde la depresión a los problemas de adicción. Las experiencias espirituales son algunas de las emociones más poderosas y positivas que tienen las personas. Muchas veces conducen a mejoras en la salud y cambios importantes en la vida. Así que la pregunta es qué puede uno hacer para aprovechar los efectos de estas experiencias espirituales y si se pueden llevar a otros contextos.

UN PUENTE ENTRE LA CIENCIA Y LA RELIGIÓN

Un grupo de investigadores de Arizona decidió comprobar si las personas que tienen relación con la ciencia se ven afectadas en su creencia en Dios cuando experimentan el asombro. Normalmente pensamos que cuanto más orientados hacia la ciencia estamos, menos interés tenemos en Dios. Pero los investigadores encontraron algo intrigante. Entre los participantes que habían mostrado una fuerte orientación lógica y científica, y que decían haber experimentado el asombro, era todavía más probable que la persona creyera en algún tipo de creador. No era que creyesen en Dios, sino más bien en algo abstracto, infinito, místico. El artículo de investigación afirma que, aunque las personas con mentalidad científica son lógicas, analíticas y con un pensamiento crítico, también son innovadoras, apasionadas, visionarias y, en la mayoría de los casos, se asombran ante la complejidad de la vida, así como ante la belleza y la majestuosidad del universo o las teorías científicas. ¿Podría ser que para los científicos trascendentales como Sagan y Einstein, conocidos por su apertura al gran misterio, fuera precisamente su curiosidad y asombro lo que los llevara a dar esos enormes saltos cuánticos en favor de la ciencia? Puede que valga la pena reflexionar sobre ello. En cualquier caso, los científicos esperan que la sensación de asombro pueda abrir vías alternativas para entender a Dios, o lo inexplicable. ¿Es posible que el asombro sea el puente que une la religión y la ciencia?

La experiencia espiritual

«La espiritualidad no es una doctrina que se pueda estudiar, es una emoción subjetiva y una experiencia profundamente personal del significado y la grandeza de la vida. Una vivencia que siempre parte de la propia experiencia. La pregunta es: ¿cómo se llega a ella?»

Kajsa Ingemarsson, escritora y mística

Para explorar cómo se relacionan las experiencias espirituales y el asombro, la mayoría de los investigadores ha excluido la religión organizada como fuente. En cambio, se centran en el relato de cada persona. Lo que cuenta es la experiencia propia, no las creencias, ideas o ideologías. En este contexto suele hablarse del psicólogo y filósofo William James, así como del concepto de «autotrascendencia», una especie de estado elevado de algo que uno experimenta. William James vivió entre 1842 y 1910 y sentó las bases de la psicología religiosa moderna, que se caracterizó por el pragmatismo y la importancia de la *experiencia propia.* James creía que el valor de una verdad reside en si la persona que cree en ella se beneficia de ella o no. Las palabras o verdades religiosas no tienen ningún valor si la persona que las profesa no las experimenta, así como las experimentaron los protagonistas de muchos textos religiosos. Fue el propio Mahoma quien tuvo la experiencia, al igual que santa Brígida de Suecia y san Juan Bautista, y Buda... ¿Por qué tu experiencia espiritual no debería tener la misma importancia? De ahí que lo que interesa a los investigadores del asombro sea la emoción en sí, no la ideología. Creen que en todo ser humano que se maravilla ante algo misterioso o inexplicable hay algo que explorar: ¿qué ocurre? ¿Se siente uno mejor, ve el mundo con otros ojos, se vuelve más generoso, más inteligente, más sano? Vamos a sumergirnos en ese estado elevado, la autotrascendencia, para que puedas formarte una idea más clara de este fenómeno.

La psicología es una disciplina que explora las experiencias y comportamientos de las personas, pero la espiritualidad no ha ocupado un lugar destacado en ella. La historia de esta ciencia ha sido eminentemente no espiritual, a pesar de haber contado con algunos pensadores y psicólogos interesados en las cuestiones espirituales. William James, como hemos visto, fue crítico con la psicología tradicional de su época, y sostuvo que nuestras mentes son mucho más complejas de lo que creemos. Carl Jung, Erich Fromm, Roberto Assagioli y Viktor Frankl, todos ellos discípulos de Freud, son otros ejemplos de terapeutas y pensadores influyentes que tenían una perspectiva espiritual. Ya en 1938, Jung escribió el libro *Psicología y religión*, y en 1950 Fromm publicó un libro titulado *Psicoanálisis y religión*. A partir de sus experiencias en cuatro campos de concentración, Viktor Frankl buscó respuestas a la pregunta de cómo la persona podía superar su ansiedad existencial. Llegó a la conclusión de que nuestra necesidad básica es la voluntad de encontrar un sentido. Su libro sobre su estancia en los campos y los conocimientos que adquirió —*El hombre en busca de sentido*— ha vendido más de doce millones de ejemplares.

Tras la guerra, Frankl desarrolló la llamada logoterapia. En la logoterapia, *logos* significa sentido, de modo que creó «la terapia del sentido de la vida». Le influyeron muchos filósofos, psiquiatras y psicólogos, tanto anteriores como contemporáneos, así como diversas escuelas de pensamiento religioso, y estaba convencido de que lo que nos hace únicos es el espíritu humano. También aparecieron pruebas de que Jung tuvo experiencias místicas. Lo negó en vida porque no quería quedar fuera de la comunidad científica. Sin embargo, estas son sus palabras: «He tenido experiencias que son, por así decirlo, "inaprensibles", "secretas", porque nunca pueden relatarse con exactitud y porque nadie puede entenderlas [...], "peligrosas", porque el 99 por ciento de la humanidad me declararía loco si oyera tales cosas de mis labios, "catastróficas" por los prejuicios que activaría si las contara (lo que tal vez también impida que otras personas accedan a un misterio vivo y maravilloso), "tabú" porque son sagradas, están protegidas por el miedo a los dioses y a los demonios».

La investigación del asombro siente un gran interés por el autodesarrollo espiritual, las experiencias cumbre y las vivencias místicas, y examina estos asuntos en detalle. Por ejemplo, en un estudio se descubrió que la gente describe su experiencia espiritual de distintas formas, en función de su sistema de creencias o de valores: algunos se refieren a una deidad, otros dicen estar en contacto con una conciencia universal que lo abarca todo. No obstante, todas estas experiencias surgen de una fuente común: ¡se basan en la experiencia del asombro! Por tanto, detrás del sentimiento religioso, de los profundos conocimientos del *mindfulness* y de la meditación o una vivencia poderosa de la naturaleza, tal vez se esconda la exaltación humana frente a lo grande.

Chimpancés, evolución y religión

¿Y si el asombro en sí mismo es la piedra angular de la religión? ¿Es posible que la religión moderna sea un desarrollo lógico del asombro que experimentaron nuestros antecesores, los simios? Esto puede parecer una hipótesis disparatada, pero fue la base de un estudio realizado el año 2019 por un equipo de investigación holandés. Decidieron investigar si el asombro es una de las llamadas emociones creadoras de sentido. Si es tan dominante que interpretamos y vemos el mundo basándonos en ella. Si forma parte de un patrón de pensamiento básico preexistente formado por valores, creencias y objetivos, y por lo tanto, influye en nuestra visión de la vida y en nuestras decisiones, tanto en la vida cotidiana como a largo plazo. Esto significaría que se puede rastrear el papel del asombro en la evolución, tanto hacia atrás como hacia delante. Si el asombro es creador de sentido, podría

muy bien proceder de tiempos que se remontan mucho más allá de la época de las hogueras, de hecho, hasta nuestros primeros ancestros. Y también explicaría por qué tuvimos la necesidad de dar un sentido a lo inexplicable.

Como hemos mencionado antes, hay estudios sobre chimpancés que demuestran que experimentan el asombro. Gracias a científicos como Jane Goodall sabemos que esta emoción parece significar algo para ellos: dedican tiempo a buscar lugares especiales, miran los amaneceres y se dejan fascinar conscientemente por los fenómenos naturales. Si el asombro es una emoción creadora de sentido, ha contribuido a nuestra evolución. Los científicos de este estudio sostienen que así fue. Cuando alcanzamos el estadio del *homo sapiens*, se fue creando poco a poco el lenguaje. Esto abrió la puerta a algo más grande que el presente. De repente pudimos situarnos en un contexto. Con la ayuda del lenguaje podemos conectar el pasado, el presente y el posible futuro: lo abstracto se vuelve tangible. Nuestra necesidad de trabajar juntos para sobrevivir hace que el grupo se convierta en el centro de atención: la tribu se convierte en lo más importante. La necesidad de explicar lo inexplicable —es decir, el amplio espectro de cosas que van desde los fenómenos naturales y el miedo a lo desconocido hasta el sentido de la vida— se satisface con explicaciones religiosas. El trueno era la ira de los dioses y las inundaciones del Nilo eran obra del dios de la fertilidad Hapi. Así tomaron forma los mitos, las leyendas y una historia común con la que relacionarse. Y se plantaron las semillas de lo que será una fe organizada: los distintos sistemas de creencias que surgen en las diferentes culturas tienen todos ellos una misma fuente.

El equipo de investigación llegó a la conclusión de que el asombro es creador de sentido. Y que el asombro se caracteriza por el hecho de que la persona experimenta la sensación de sentido y cercanía a los valores fundamentales y a su «yo verdadero». También es una emoción que provoca cambios inmediatos en la atención, la memoria y la actividad neurológica, cosa que facilita los cambios a largo plazo en nuestros sistemas de significado, visiones del mundo e identidades. El estado de asombro que los chimpancés han demostrado experimentar apunta a profundas raíces cognitivas, así como a posibles vínculos evolutivos con nuestras propias experiencias. Existen grandes similitudes entre lo que los chimpancés demuestran y nuestra forma de expresarnos.

Religare significa «unir» en latín. Puede que con la religión quisiéramos unir el pasado con el futuro, una persona con otra, o ¿por qué no?, lo inexplicable con lo cotidiano. Sea como fuere, es una teoría interesante, ¿no crees?

NAVID MODIRI

El activista de la conversación que busca respuestas a las grandes preguntas de la vida

Desde que tiene uso de razón, ha pensado: «Hay algo más, esto no es todo. La vida es sin duda más grande que lo que podemos ver a simple vista, y no soy el único en pensarlo». Son las palabras de un creyente, pero de alguien que no deja de buscar. Es la ironía de la vida. Sus padres eran «ateos militantes» y huyeron del opresivo régimen musulmán de Irán. Querían alejarse de la religión organizada, de la espiritualidad forzada, y terminaron en Suecia, uno de los países más secularizados del mundo. Con ellos tenían al pequeño Navid Modiri, que ahora es presentador, conferenciante y activista de la conversación.

WONDERJUNKIES
Personas para quienes el asombro es la fuerza motriz de sus vidas

Cinco años después de que la familia se instalara en Suecia, también llegó la abuela. Era una musulmana devota y rezaba cinco veces al día. A Navid le encantaba meterse bajo el velo: allí, bajo las masas de tela, podía sentir la oración y seguir los movimientos. La abuela se arrodillaba, levantaba los brazos, extendía las manos vacías hacia el cielo, daba las gracias. La voz resonaba, las vibraciones creaban seguridad y calidez. Esto era lo mejor que Navid conocía. Muchos años más tarde, ya de adulto, se inspiró en la adoración de la abuela para crear su propia oración matutina.

Con el tiempo encontraría una actitud espiritual que funcionara,

«Miras las estrellas y te das cuenta de que somos muchos los que lo estamos haciendo juntos. Para mí, esto tiene un efecto antidepresivo.» *Navid Modiri*

pero ¿cómo buscar respuestas a las grandes preguntas cuando se tienen nueve, catorce o dieciocho años? Navid recurrió a los libros. Leyó el *Bhagavad Gita* a escondidas de su padre. Leyó *Narnia* de C.S. Lewis, *Alicia en el País de las Maravillas* de Lewis Carroll, *Guía del autoestopista galáctico* de Douglas Adams, además de Tomas Tranströmer y Hjalmar Söderberg. A los diez años leyó *La metamorfosis* de Kafka y pensó: «Sí, hay otro de esos (como yo)».

Aquí encuentra a sus parientes espirituales. Con esos relatos su mente se agranda. Se confirma su intuición: el universo es vasto y encierra un misterio que no hemos comprendido. Sin embargo, para sus compañeros es un bicho raro. Creen que está loco y se reprime para parecerse un poco más a ellos, por encajar en el rebaño. La atención se centra en el exterior, el interior tiene que esperar. Pero entonces, alrededor de los veinticinco años, se enamora. Ella es profesora de yoga y resplandece. Navid, que quiere causar impresión, se apunta a un retiro de meditación. Para un novicio, es duro: meditación Vipassana y una

semana entera en silencio. En este espacio del alma, experimenta una serie de experiencias que no puede manejar: son demasiadas, demasiado profundas, llegan demasiado rápido. No está preparado, pero tiene la sensación de abandonar su cuerpo, de flotar hacia algo más grande, de volverse ilimitado. Es tan fantástico como aterrador. Tan aterrador que se derrumba y tiene un ataque de pánico. Se acobarda, mete sus cosas en la bolsa, pone de vuelta y media al personal y sale corriendo. ¡Nunca más!

Pero es como si le hubieran dado una bofetada, como si lo hubieran despertado. Se ha abierto una puerta. Y esto ofrece un paralelismo con el hecho de que un cielo estrellado puede provocar tanto el terror como el asombro. Por un lado, Navid describe la sensación de pánico que experimenta cuando ve el cielo infinito: ya no está en el centro y entra en contacto con su propia pequeñez e insignificancia. Y, por otro lado, el enorme alivio que le produce el hecho de no estar solo.

«Lo relaciono con la felicidad y la salud mental. El asombro alivia el peso psicológico y emocional de ser un individuo y de que todo dependa de mí. Miras las estrellas y te das cuenta de que somos muchos los que lo estamos haciendo juntos. Para mí, esto tiene un efecto antidepresivo.»

Después de su experiencia en el retiro de meditación, comienza a buscar un vínculo espiritual, pero un poco más a su ritmo. Cuando le preguntamos si ha buscado en muchos sitios, se ríe y dice: «¡En todas partes!», dejando de lado la religión.

En cambio, se orienta hacia los movimientos más alternativos: visita a la gurú de los abrazos Amma en la India, el centro de Osho en Puna, corre sobre brasas bajo la guía del *coach* Tony Robbins, asiste a retiros, festivales *new age* y ceremonias, y acude al Burning Man, el proyecto artístico donde decenas de miles de librepensadores se reúnen en el desierto de Nevada para construir y luego quemar fabulosas obras de arte sin dejar rastro alguno. Todos estos lugares atraen a personas que buscan una experiencia elevada, una mayor comprensión de lo que es la condición humana.

Ser un buscador es un proyecto de vida, y Navid lo está llevando a cabo. Cuando le preguntamos en

qué se diferencia de la persona que era cuando empezó a mirar abiertamente a los veinticinco años, dice que para el Navid de treinta y cinco años que es hoy, el viaje tal vez no esté tan dirigido hacia el exterior. Las respuestas no tienen por qué estar «ahí fuera». Parece contentarse con buscar respuestas dentro de sí mismo y reflejándose en las personas con las que se encuentra. Dentro de él sigue muy vivo el sentido de lo sagrado y misterioso. Comienza cada día con una oración. Una versión propia de la oración de su abuela, solo que la dice en voz alta mientras se toma la ducha helada que aprendió del gurú de la salud Wim Hof, *The Iceman*.

No tengo nada, no exijo nada, no necesito nada, nada en absoluto. Ya estoy lleno, sostenido, envuelto por todo.

Navid Modiri, presentador y activista de la conversación.

La comunidad

«Cuando en 2006 U2 tocó en el estadio de River Plate, en Argentina, un estadio enorme. Yo estaba en medio de la multitud, y la gente empezó a cantar las canciones... Todo el mundo se las sabía de memoria. Sí, es una de las cosas más grandes que he experimentado, esa conexión que sentí. Lloré.»

«Cuando el Djurgården se enfrentó al Malmö en la Copa de Suecia. Un lleno absoluto, probablemente 35.000 personas. Las dos aficiones cantando. Esa sensación. Además, ¡ganamos 3-0! Y luego invadimos el campo, todos juntos. ¡Impresionante! Magia. ¡Felicidad!»

Washington, D.C., 28 de agosto de 1963. Martin Luther King pronuncia su discurso *I have a dream* ante 240.000 personas. Muchos lo consideran una obra maestra de la retórica y un momento que marcó una época para el movimiento de los derechos civiles en Estados Unidos. En su discurso, Luther King da su versión del futuro, donde blancos y negros viven como iguales. «Tengo el sueño de que un día mis cuatro hijos pequeños vivan en una nación donde no se les juzgue por el color de su piel, sino por su carácter interior...» Solo con leer el discurso se percibe esa energía, esa creencia compartida en una posibilidad. Imagínate entonces cómo se vivió en vivo. O imagínate que vuelves a casa después de cantar en tu coro favorito, o que acabas de participar en una manifestación por el clima con cien mil personas, o que estás celebrando con toda la afición la victoria con la que tu equipo favorito sube a primera división.

Émile Durkheim, uno de los fundadores de la sociología, bautizó como «efervescencia colectiva» la energía contagiosa que puedes haber experimentado en estas situaciones. Hablamos de lo que ocurre cuando las personas de un grupo sienten una especie de euforia colectiva y burbujeante. Cuando Dacher Keltner se refiere a esta fuente de asombro, habla de cómo surge esa «ola» que la gente hace en los grandes eventos deportivos o musicales. Basta con que una treintena de personas la pongan en marcha para que se extienda como un movimiento ondeante por un público de entre mil y cien mil personas. Parecemos poseídos y sincronizados.

Por cierto, ¿has visto alguna vez una bandada de pájaros bailando entera en el cielo en un único movimiento colectivo? Es fácil dejarse atrapar. Se mueven de una manera tan uniforme, cambiando de dirección en un segundo y en completa sincronía. No se entiende realmente cómo lo hacen, pero el espectáculo es de una belleza mágica.

Según Durkheim, una sensación de excitación se extiende por las personas cuando empiezan a moverse de forma coordinada. Uno se eleva fuera de sí mismo y experimenta la conexión con una energía extraordinaria, algo más elevado o, al menos, que no es de este mundo. Durkheim sostuvo que la «efervescencia colectiva» es uno de los factores que determinan el modo en que las religiones adquieren forma —e impulso—, y se refirió a los cuerpos inclinados hacia La Meca de los musulmanes, los cánticos de los monjes budistas y las manos entrelazadas de los cristianos. El movimiento común se convierte en parte de la experiencia. La investigación posterior también demuestra que este concepto no solo se aplica a acontecimientos únicos y especialmente intensos, sino que también eleva las experiencias comunes y cotidianas a un nuevo nivel de creación de significado y conexión.

Varios investigadores también informan de personas que han experimentado un sentimiento de elevación y unión durante catástrofes naturales, como las tormentas de nieve que lo ponen todo patas arriba y acercan a los vecinos y los desconocidos. La gente lo deja todo, quiere ayudar y va más allá de los límites habituales. Estocolmo sufrió un atentado terrorista en abril de 2017, cuando un camión secuestrado circuló a gran velocidad por una de las calles peatonales más concurridas. Varias personas perdieron la vida, muchas quedaron traumatizadas, todo el mundo se vio afectado. Después hubo una cercanía inusual: las personas se ayudaban entre sí, se visitaban mutuamente. Durante un tiempo, las fachadas cayeron y los habitantes de Estocolmo se mantuvieron unidos. Mientras escribimos este texto, el mundo está siendo golpeado por el COVID-19, una pandemia de proporciones sin precedentes en la época moderna. La pandemia ha provocado muchas víctimas y graves consecuencias económicas, pero también vemos muestras de solidaridad a las que no estamos acostumbrados. En todo el mundo, la gente se está uniendo en un homenaje común. Tras las ventanas abiertas y en los balcones, la gente aplaude, vitorea y canta a las ocho de la tarde en honor de los heroicos trabajadores de la salud.

Buscar el asombro en lo colectivo no es un fenómeno reciente. Piensa en los cientos y a veces hasta miles de kilómetros a lo largo de los milenios que la gente ha recorrido para asistir a ciertas peregrinaciones y ceremonias. Muchas veces el destino final tenía un importante propósito espiritual o ceremonial, como en los solsticios de invierno y verano, cuando muchas personas se reunían en una gran comunidad. Esa experiencia en sí misma era seguramente una de las razones por las que nuestros antepasados se tomaban tantas molestias. Dacher Keltner nos recuerda que el hombre es un animal de manada. La biología evolutiva de nuestro cuerpo contiene el código de cómo interactuamos y reaccionamos en grupo. Cuando hace frío, los mamíferos antisociales se erizan; esa es su estrategia para no morir congelados. En cambio, los animales sociales optan por buscar el calor de los demás agrupándose, estrechándose unos contra otros. ¿Puede que se encuentre ahí una de las respuestas a nuestra propensión a los movimientos sincronizados? ¿A esa energía coordinada que surge cuando sentimos la conexión, la alegría y el asombro con muchos otros?

¿Dónde encuentras las multitudes que te inspiran? ¿En los mítines políticos, en las manifestaciones por algo en lo que crees? ¿En las discotecas, en las finales de tu deporte favorito, los partidos de baloncesto, los bailes folclóricos, el teatro, el concierto? ¿O en fiestas populares como las maratones y los bailes alrededor del fuego de la noche de San Juan, la del solsticio de verano? Solo tú sabes lo que hace que se eleve tu corazón. Pero búscalo y busca la conexión con la comunidad. A estas alturas ya sabes que el asombro es bueno para ti.

BLAKE MYCOSKIE

El emprendedor que mejora el mundo

Ochenta y seis millones de pares de zapatos para niños pobres. Una campaña de ayuda global de una magnitud con pocos precedentes. Y el trabajo de un solo hombre, aunque sea demasiado humilde para atribuirse el mérito. Blake Mycoskie fundó la empresa de calzado Toms en 2006. En un viaje a Argentina, vio que los niños pobres iban sin zapatos y sufrían heridas e infecciones en los pies. A continuación, inventó un modelo de negocio revolucionario, *One for One*. Cada vez que compras un par de zapatos, él dona un par a un niño pobre. Con los años, la idea ha evolucionado: la compra de gafas de sol ha proporcionado

WONDERJUNKIES
Personas para quienes el asombro es la fuerza motriz de sus vidas

atención oftalmológica a 600.000 personas, los paquetes de café se han convertido en 600.000 semanas de agua potable y la compra de un bolso ha proporcionado atención maternal a 85.000 mujeres embarazadas en países pobres de todo el mundo.

Este estadounidense de cuarenta y tres años es un amante de la naturaleza, escalador, esquiador, surfista, golfista, tenista... y empresario hasta la médula. Confirma inmediatamente nuestra afirmación de que es un *wonderjunkie*. «La montaña y el mar son dos de mis principales fuentes de asombro. La naturaleza ayuda a calmar la men-

«Hoy en día, la espiritualidad es una fuente de asombro mayor que la escalada.» *Blake Mycoskie*

te, y aprecio mucho la belleza. Creo que a veces Dios nos habla a través de la belleza y el asombro.

Pero lo que sin duda encabeza su lista de fuentes de asombro es la ayuda que presta mediante la empresa Toms.

«Probablemente soy una de las pocas personas que han experimentado este tipo de asombro: llevar a gente a un país de bajos ingresos para que calcen literalmente a los niños pobres. Solemos llevar a veinte personas a la vez, a veces famosos, a veces gente corriente. Muchos nunca habían salido de su país, quizá nunca habían visto la verdadera pobreza. Compartir su experiencia, ver su inmensa alegría al poder hacer algo por otro ser humano, y la comunidad colectiva de la campaña, han sido realmente las mayores experiencias de asombro en mi vida.»

Blake Mycoskie siente un gran asombro al ver el compromiso de gente de todo el mundo. Y habla de un grupo de estudiantes universitarios que a finales de la década del 2000 quería difundir el increíble trabajo de Toms. Decidieron ir descalzos durante todo un día.

Cada vez que alguien les preguntaba por qué lo hacían, contaban la historia de la empresa. Y la acción se extendió por todo el mundo. Unos años más tarde, millones de personas anduvieron descalzas el mismo día, desde maestros de escuela en Corea y corredores de bolsa en Wall Street hasta celebridades en programas de entrevistas. La actriz Demi Moore, por ejemplo, apareció descalza en *The Tonight Show* con Jay Leno.

Blake no entiende cómo fue «elegido» para esta tarea. Que precisamente él, de entre todos los empresarios del mundo, se encontrara en una granja de Argentina, escribiera su experiencia en un diario y de alguna manera tuviera esta idea. Así es exactamente como lo expresa. Con sorpresa y humildad.

«Adquirí habilidades que no sabía que tenía: hablar en público y organizar a la gente. Y un zapato que no diseñé yo: la gente del campo lo usaba desde hacía años. Todo esto le fue dado a mi cerebro. Yo, que ni siquiera me había graduado en la universidad, que nunca había estado en el negocio del calzado y que ni siquiera había trabajado en el comercio minorista. No puedo atribuirme el mérito de una idea que ha cambiado literalmente el mundo de los negocios. Se han creado miles de empresas que han hecho de la caridad parte de su modelo de negocio, aunque no todas con el modelo "uno por uno". Esto es tan improbable que tiene que venir de algo más grande que yo, y es realmente asombroso.»

En 2013, Blake Mycoskie vendió la mitad de su empresa. No para salir del negocio, sino porque necesitaba ayuda. La actividad de su empresa había llegado a ser mucho más grande de lo que nunca imaginó. La venta le reportó trescientos millones de dólares, dio la mitad a sus empleados y puso una parte en un fondo para emprendedores.

«Cuando experimentas el asombro, tu pensamiento no está marcado por la escasez, sino que el asombro crea una vida en la generosidad.»

La misma semana que conocemos a Blake Mycoskie se cierra la venta de la otra mitad de la empresa. Es el momento de un nuevo capítulo. Si antes se había llamado *Chief Shoe Giver* (director de Donaciones

de Zapatos), a partir de ahora se llamará *Inner Adventure Guide* (guía de la Aventura Interior).

Hace unos años, cuando sufrió una leve depresión, sintió una mayor necesidad de volver su mirada hacia el interior. Asegura que ha tenido tantas aventuras exteriores —escalar montañas, hacer surf, acampar en lugares remotos, crear empresas— que ahora solo le queda la más grande: dedicar los próximos cincuenta-sesenta años a la aventura interior.

«Hoy en día, la espiritualidad es una fuente de asombro mayor que la escalada», dice.

Blake Mycoskie, fundador de Toms Shoes, emprendedor e Inner Adventure Guide.

CUARTA PARTE
El asombro en la vida cotidiana

No hace falta que vayas a las cataratas del Niágara. Cualquier día de la semana ofrece suficientes ocasiones para el asombro. El sol se pone todos los días. Si está nublado, el viento susurra entre los altos árboles, y puede que el museo de arte esté abierto. Ya lo hemos dicho antes, pero no está de más recordarlo: en promedio, sentimos asombro dos, tres veces a la semana. No todos tenemos la misma facilidad para experimentarlo. Algunos sienten un constante placer y gratitud ante la vida y su ingeniosa construcción. Otros apenas experimentan el asombro. Para todos es un beneficio que el asombro aumente con la edad: sentimos más asombro cuanto más envejecemos. También puedes influir en tu propensión a experimentar el asombro haciéndote más receptivo a esa experiencia. Los efectos del asombro pueden haberte dado una motivación extra.

EL VERDOR DE LA CURIOSIDAD

La curiosidad está íntimamente ligada al asombro. Te fascina un concepto nuevo y vas directamente a Internet y lo buscas en Google. Quieres saber, quieres que te lo expliquen. O piensas que sería divertido tomar el otro camino durante el paseo, el que nunca antes has recorrido. Al descubrir y exponerte a cosas nuevas, te das la oportunidad de experimentar más asombro. La curiosidad es tanto un rasgo de la personalidad como una actitud. De las seis emociones positivas —alegría, compasión, amor, satisfacción, orgullo y curiosidad—, es la curiosidad la que, según un estudio, está más ligada al asombro. En otra investigación, los participantes que experimentaron el asombro se definieron como curiosos, característica que sus amigos confirmaron.

Funciona en ambas direcciones: la curiosidad lleva al asombro y el asombro aumenta la curiosidad. La experiencia en sí nos hace ver que hay mucho más que aprender. Como ya hemos dicho, cuando nos damos cuenta de nuestras lagunas de conocimiento, queremos llenarlas y buscamos sobre todo explicaciones científicas.

Afortunadamente, todos nacemos curiosos. No es un rasgo que unos tengan y otros no. Lo llevamos dentro. La curiosidad impulsa nuestro desarrollo y nos proporciona conocimientos a medida que crecemos. Fíjate en los niños, en esa enorme curiosidad que les hace preguntar por qué constantemente. En la edad adulta, la curiosidad está más despierta y activada en algunos, mientras que en otros está adormecida. Algunos incluso han dejado de sentir interés. Han visto y oído la mayor parte de las cosas y saben lo que va a pasar: están de vuelta de todo.

Pero la buena noticia es que la curiosidad, al igual que el asombro, puede entrenarse. En 1998, el neurólogo sueco Peter Eriksson fue el primer científico en demostrar que el cerebro produce nuevas neuronas en los adultos. Esto, combinado con el conocimiento anterior de que el cerebro es maleable, plástico, significa que se crean nuevas vías neuronales para cada nueva cosa que aprendemos. Así que, aunque llegues a la triste conclusión de que envejeces y te vuelves más duro, es posible recuperar el verdor de la curiosidad. Toma a un niño de la mano y descubre el mundo visto a través de sus ojos. Déjate sorprender por cosas que para nosotros, los adultos, son evidentes.

También puedes empezar a experimentar nuevas formas de hacer las cosas. Quien practica el culturismo sabe que no es posible desarrollar los músculos siguiendo todos los días exactamente el mismo programa de entrenamiento. Cambia tu comportamiento y tu forma de ver el mundo, buscando activamente conocer más de lo que ya sabes. Parte del supuesto de que hay cosas que no sabes. Esto proporciona oportunidades de exploración, aprendizaje y desarrollo personal. Siempre hay más de una forma de ver las cosas.

LA MENTE DE LOS PRINCIPIANTES

Otra forma de mantener la curiosidad es el *mindfulness*, es decir, prestar atención sin juzgar. Te entrenas para centrar tu atención en lo que ocurre en el momento y para adoptar una actitud caracterizada por la curiosidad, la apertura y la aceptación. Según el psicólogo Todd Kashdan, lo primero tiene que ver principalmente con la concentración, mientras que lo segundo se refiere a la calidad de nuestra atención. Cuando prestamos atención de esta manera, tenemos una actitud inquisitiva y curiosa ante los pensamientos, sentimientos, comportamientos y acontecimientos del presente. La naturaleza inquisitiva nos permite captar y ser receptivos a diferentes aspectos de la realidad.

En el *mindfulness* hablamos de la mente de los principiantes, de tener una actitud de principiante ante lo que ocurre a tu alrededor. A menudo, nuestras experiencias pasadas, prejuicios, creencias e interpretaciones nos impiden ver la realidad tal y como es. En el budismo, de donde procede el *mindfulness*, hay el siguiente dicho: «Tienes muchas opiniones. Y las sufres. ¿Por qué no desprenderse de ellas?». Björn Natthiko Lindeblad, antiguo monje del bosque y conferenciante, suele decir —medio en broma— que es bueno repetir el mantra «Podría estar equivocado». Liberarse de las ideas preconcebidas y de los viejos conocimientos es mostrarse dispuesto a aprender cosas nuevas.

Es necesario. Piensa en cuántas veces nos encontramos con nuestra pareja, nuestros hijos o nuestros amigos con la actitud de saber quiénes son. Lo que vemos es, en realidad, solo una pequeña parte de ellos. En muchos sentidos, no los conocemos en absoluto. Cuando tienes una mente de principiante, ves varios lados de la persona que tienes enfrente. Escuchas con más atención, sin ideas preconcebidas, y ves con mucha más claridad.

Un ramillete de ejercicios de asombro

Preguntamos a algunos de los investigadores a los que entrevistamos si es posible *volverse* más propenso al asombro. ¿Es una habilidad que se pueda entrenar? «Por supuesto», respondió la mayoría. «No», dijo uno. Estamos de acuerdo con los que piensan que se puede practicar. El mero hecho de que estés leyendo este libro indica un interés. Ahora estás más informado y eres mucho más consciente de lo que es el asombro y de dónde se puede encontrar. Presentaremos ahora algunas formas concretas para fomentar el entusiasmo en tu vida. Todos los ejercicios que aparecen a continuación, excepto «Salir en una noche estrellada», proceden del Greater Good Science Center, que investiga y difunde conocimientos sobre lo que crea una sociedad próspera, sostenible y amorosa.

SAL Y CAMINA

Tienes la opción de cultivar el asombro en tu vida mediante tus piernas. No se trata de correr más rápido, sino de hacer lo que hemos hecho desde siempre: salir y caminar. En el paseo hay mucho que ganar, incluido el asombro. Los profetas caminaron, al igual que los antiguos sabios chinos, los peregrinos y los antiguos filósofos. Caminar no es solo desplazarse. Caminar puede suponer entrar en contacto con el corazón y la mente. Una oportunidad para descubrir lo que realmente ocurre dentro de ti y quizá a tu alrededor. Caminar es una tarea única: le das un descanso a tu cerebro. El filósofo del siglo XIX Henry David Thoreau sostenía que los beneficios de los paseos sin prisas por el bosque y el campo son que tienes tiempo para ponerte al día contigo mismo. Sí, Thoreau estaba allí tanto en la acción como en el pensamiento. Hace doscientos años. Incluso expresó la opinión de que no tenía sentido caminar por el bosque si no se podía dejar atrás la ciudad, o la edad. Porque de qué serviría «si caminara una milla en el bosque solo con mi cuerpo, sin haber llegado hasta allí con mi alma».

La escritora Rebecca Solnit, autora del libro *Wanderlust* (Una historia del caminar), dice que el paseo es la exploración de lo imprevisible y de lo impredecible. El paseo invita a un estado intermedio: el de estar medio en tu mundo privado, medio en el mundo, medio activo, medio pasivo. Pueden pasar muchas cosas en este estado.

Pasear sin tener una meta es abrirse a detalles y perspectivas variadas. Es ver lo que normalmente no se ve, tanto por dentro como por fuera. En Nueva York, la científica cognitiva Alexandra Horowitz decidió salir a pasear por el barrio con once «expertos» diferentes. Los expertos, entre los que se encontraban un artista, un geólogo, un diseñador de sonido, un niño y un perro, fueron los encargados de indicar el camino. Lo que vio a través de «sus ojos» fue una imagen totalmente nueva de la ciudad. Y pensar que todo aquello solía pasarle desapercibido...

Los «paseos de asombro» ya se utilizan en la asistencia sanitaria de Estados Unidos. Es algo que puedes hacer tú mismo para beneficiarte de los efectos del asombro de los que ya hemos hablado. En la hoja informativa que figura a continuación te damos consejos sobre cómo hacerlo y dónde ir. Pero antes queremos terminar este apartado sobre el caminar diciendo algo sobre el *moonwalking*, y no nos referimos a los pasos hacia atrás de Michael Jackson, sino a la caminata nocturna. El *moonwalking* consiste en salir a caminar en la oscuridad y cosechar los beneficios de lo que significa en cuanto a reducción del estrés. En el Reino Unido se organizan paseos nocturnos y el interés por esta actividad va en aumento. ¿Qué ocurre cuando caminas por un sendero forestal de noche? La atención es total. Los sentidos se agudizan, solo existe el momento presente. Poner un pie delante del otro, tomar la vida paso a paso se vuelve más importante que nunca. Esto conlleva una reducción en la actividad de la amígdala, el cuerpo produce más oxitocina, la hormona del bienestar, y la respuesta al estrés disminuye.

Caminar de noche es invitar a la curiosidad y al *mindfulness* a tu vida. Es abrirse a las pequeñas experiencias de la magia cotidiana: al asombro, en resumidas cuentas. Da igual si se trata de un tranquilo paseo por el barrio, de una excursión por la montaña o de una peregrinación a Santiago de Compostela: lo importante es salir y caminar. Camina sin meta ni reloj.

(1)

Da un paseo de asombro

Tiempo estimado: Por lo menos 15 minutos

Empieza por apagar el teléfono. Este y otros dispositivos electrónicos te distraen y te quitan la atención de lo que ocurre a tu alrededor. Lo mejor es que ni siquiera te lleves el teléfono. Déjalo en casa, así no sentirás la tentación de sacarlo y mirarlo.

Durante tu paseo, intenta acercarte a todo lo que ves con ojos nuevos. Imagina que miras todo por primera vez. Luego sigue estos pasos:

1. Respira profundamente. Cuenta hasta seis al inspirar y hasta seis al espirar. Siente como el aire se mueve por tus fosas nasales y escucha el sonido de tu respiración. Vuelve a esta respiración varias veces durante el paseo: te devuelve al presente.

2. Cuando empieces a caminar, siente tus pies en el suelo. Toma conciencia de tu entorno, escucha los sonidos que te rodean.

3. Cambia tu conciencia y ábrete a lo que te rodea, a las cosas que son grandes, vastas, inesperadas. Cosas que te sorprenden y te entusiasman.

4. Vuelve a respirar profundamente. Cuenta hasta seis al inspirar y hasta seis al espirar.

5. Deja que tu atención se abra a la exploración. ¿Qué te provoca asombro? ¿Es el paisaje? ¿O los pequeños dibujos de luz y sombra? Deja que tu mirada vague entre lo grande y lo pequeño.

6. Continúa tu paseo, volviendo de vez en cuando al estado de atención a través de la respiración. Observa la multitud de imágenes, sonidos, olores y otras sensaciones que pasan por tu mente, cosas que suelen pasar desapercibidas.

Una vez que te acostumbres a caminar de esta manera, te sorprenderá la frecuencia con la que se te presentan oportunidades para experimentar el asombro: el acceso es prácticamente ilimitado.

Lugares en los que puedes dar paseos de asombro

En la naturaleza:
- Una montaña con vistas panorámicas
- Un sendero rodeado de árboles altos
- La orilla de un mar, un lago, un río o una cascada
- Una noche estrellada
- Un lugar en el que puedas ver cómo sale o se pone el sol

En la ciudad:
- En la cima de un edificio alto o un rascacielos. O mirar hacia arriba en una zona con muchos edificios altos
- Un monumento histórico
- Una parte de la ciudad que no hayas visitado o visto antes
- Una arena o estadio
- Da un paseo artístico y visita galerías
- Jardines botánicos o un zoo para ver plantas o animales que no hayas visto antes
- Pasea sin objetivo, a ver dónde terminas y qué experimentas

Interiores:
- Un planetario o acuario
- Un edificio histórico, una catedral o una ópera
- Recorre lentamente un museo, dedicando una atención plena a cada objeto

Fotografía alguna cosa bonita

Tiempo estimado: 5-15 minutos al día durante dos semanas

Para realizar este ejercicio no hace falta que planifiques un tiempo extra fuera de casa, solo tienes que fijarte en lo que tienes a tu alrededor. Mira la naturaleza que ya está en tu vida, ya sea desde tu ventana, en el parque cerca de tu casa, en tu jardín o en una flor que tengas en casa.

Propuesta:

1. Observa los elementos naturales de los que te rodeas todos los días —los árboles, las nubes, las hojas, la luna, los arroyos, los animales, etcétera— y fíjate en cómo te hacen sentir y qué pensamientos evocan. Crea un momento solo para ti en el que te centres por completo en intentar experimentar la naturaleza que te rodea.

2. Cuando te encuentres con algo que te despierta una fuerte emoción, que te conmueve y te levanta el ánimo, ¡haz una foto! Y luego, si es posible, guarda la imagen en tu ordenador y escribe cómo te sientes. Utiliza pocas palabras o frases completas, pero deja que fluya.

3. Puedes hacer tantas fotos como quieras, pero procura hacer al menos diez durante el período de dos semanas. Toma conciencia de lo que la naturaleza despierta en ti, todos los días.

4. Recuerda, la clave está en tu propia experiencia en relación con lo que fotografías. ¿Qué sientes? No te preocupes por la calidad ni por la creatividad de tus fotos, se trata de algo completamente distinto.

MIRA EL CIELO

Contemplar el cielo nocturno, estrellado y resplandeciente: ¿hay algo más poderoso? Cuántos de nosotros no nos hemos asombrado de nuestra pequeñez en la Tierra cuando, tumbados en una playa, una zona de césped o un prado, nos ha sobrecogido lo inconmensurable, lo incomprensible. Mirar las estrellas es maravillarse. Y lo hacemos. Hay un lugar llamado Uluru. Está en el centro geográfico de Australia y es uno de los mejores lugares del mundo para observar las estrellas. Las condiciones son perfectas. Hay poca humedad, no hay contaminación lumínica y el cielo está casi siempre despejado, lo que significa que está iluminado por las estrellas. Los visitantes, y son muchos, se maravillan ante el espectáculo.

Las excursiones organizadas para ver las estrellas son más comunes de lo que tal vez creas. Una rápida búsqueda en Google del término *stargazing* (observación de las estrellas) muestra un montón de oportunidades y lugares, repartidos por todo el mundo. Anímate a salir una noche o a participar en una actividad organizada. Un equipo de investigadores se interesó por el impacto que tiene en nosotros la observación de las estrellas. Tras estudiar la relación que existe entre las experiencias de la naturaleza y el aumento del bienestar, decidieron investigar los efectos de la observación de las estrellas en concreto. Los participantes en el estudio experimentaron una disminución del estrés, estuvieron de mejor humor y experimentaron una mayor sensación de asombro después de ver vídeos de cielos estrellados. El estudio confirma que las experiencias de la naturaleza generan efectos psicosociales positivos y que la observación de las estrellas parece tener un potencial especialmente elevado para ello. Por nuestra parte, lo recomendamos. Déjate deslumbrar por las estrellas resplandecientes y las nebulosas, la experiencia te sentará bien.

Sal una noche estrellada 3

- Quítate los zapatos y los calcetines. Siente el suelo bajo los pies.
- Mira hacia arriba.
- Observa todas las estrellas. Dirige la mirada tan lejos como puedas en el cielo.
- Céntrate en tu respiración. Sé consciente de tus sentidos, siente el aire nocturno en tu piel. Mantén una calma absoluta.
- Mira cómo parpadean las estrellas. Piensa que cada parpadeo puede haber tardado millones de años en llegar hasta ti en este instante.
- Respira.

AMPLÍA TU MENTE

Puedes autoprovocarte el asombro buscando contenidos que te hagan pensar: «Guau, ¿cómo es posible?». Lee o mira alguna cosa que te enseñe algo sobre el mundo, las nuevas tecnologías o el futuro. O que profundice tus conocimientos sobre filosofía o psicología. Exponerse a lo que ignoras es inspirador y a menudo una fuente de asombro. Así que busca algo desconocido para ti. Aprende cosas nuevas. De forma consciente, ve detrás de lo que amplía tu mente.

Encontrarás una mina de oro para ampliar tus conocimientos en las TED Talks, unas conferencias interdisciplinares dedicadas a las «ideas que merecen ser difundidas» y que se celebran anualmente en Canadá. En las TED Talks, una serie de oradores reconocidos y de alto nivel dan unas charlas que se filman y se publican en Internet. También puedes ver *Brain Games* en el canal de televisión National Geographic. O en YouTube, que es una verdadera fuente de asombro. Allí encontrarás *Shots of Awe* o películas como *Pale Blue Dot*, de Carl Sagan, o *The Power of Ten*, de Charles y Ray Eames, que te transportan al espacio. También puedes leer artículos en Internet. Acabamos de descubrir la revista *Sidetracked Magazine*, que te lleva de aventura por todo el mundo. También puedes suscribirte al boletín de *Brainpicking*, donde Maria Popova analiza el sentido de la vida a través de la literatura. Por nombrar solo algunos ejemplos.

Un consejo es poner la alarma dos veces al día para que te recuerde que tienes que buscar y leer sobre algo que te asombre. Funciona muy bien para reponer la energía cuando estás en el trabajo, durante un descanso o cuando vuelves a casa en autobús. Tu teléfono está lleno de maravillas.

4

Lee algo que te asombre

Tiempo estimado: Por lo menos 10 minutos

Dedica al menos diez minutos a leer cosas que te emocionen, al menos una vez a la semana, para obtener una dosis regular de asombro.

Propuesta:
Elige algo que te asombre. Tal vez te gusten los nuevos descubrimientos científicos, las descripciones de la naturaleza, los relatos heroicos, la historia, el romanticismo o la poesía. Las historias que nos entusiasman suelen tener estos dos componentes:

1. Contienen un sentido de grandeza del tipo que te hace sentir más pequeño en relación con el mundo. Puede tratarse de algo físico (lees sobre vistas desde altas montañas) o psicológico (lees sobre algo particularmente heroico o valiente).

2. Cambian tu forma de ver el mundo. Por ejemplo, pueden hacer que tus preocupaciones diarias te parezcan menos importantes o pueden ampliar tus ideas sobre el potencial humano. Dos lecturas recomendadas son Breve historia del tiempo, de Stephen Hawking, y *Sapiens. De animales a dioses. Breve historia de la humanidad*, de Yuval Noah Harari. En el sitio web del Greater Good Science Center se puede encontrar una historia sobre la Torre Eiffel que se ha utilizado en la investigación sobre el asombro. O elige algo completamente diferente: lo único que importa es que la lectura amplíe tus sentidos y te dé acceso a más conocimientos y una mayor comprensión.

5

Mira algo que te maraville

Tiempo estimado: desde un clip de 4 minutos a un largometraje

Propuesta:

Elige una película con buen potencial de asombro y crea tiempo y espacio para verla. Entonces, presta toda tu atención. Las películas con gran capacidad de asombro suelen contener representaciones de la naturaleza. Busca las ballenas en YouTube. Mira el largometraje *Home*, de Yann Arthus-Bertrand, o *Los misterios del mundo invisible*, de Louie Schwartzberg. O *La historia interminable*, basada en la novela de Michael Ende.

¡ESCUCHA!

Escucha algo que amplíe tu mente y te expanda el pecho. Pon tu música favorita y deja que te conmueva profundamente. Elige lo que sabes que te abrirá las puertas. Música clásica u ópera, baladas francesas o la canción de tu boda: solo tú lo sabes. No obstante, si quieres algunas recomendaciones, puedes escuchar las canciones que se han utilizado para provocar el asombro en diversas investigaciones: por ejemplo, *Hoppípolla*, de la banda islandesa Sigur Rós, *Work Song* del Cannonball Adderley Quintet, *Blue Train* de John Coltrane y el *Adagio para cuerdas* de Samuel Barber. Tampoco podemos resistirnos a aconsejarte algo aún más maravilloso: ¡escuchar el canto del hielo! Se puede oír mejor a principios del invierno, cuando el lago se convierte en hielo. A medida que se engrosa la superficie del hielo, se crea una gran tensión. Hasta que se quiebra. A medida que las grietas avanzan rápidamente por el hielo, se crean estas fuertes vibraciones y sonidos que pueden escucharse a muchas millas, como si el hielo cantara o mugiera. Jonna Jinton, bloguera, cineasta y *storyteller* que dejó Gotemburgo y se instaló en el pueblo de Grundtjärn, en el norte de Suecia, grabó los sonidos del hielo en el lago durante tres noches de noviembre. Luego los editó en un vídeo musical de una hora de duración, *Song of the Ice*. A Jonna le encanta el canto del hielo: le da una gran calma, y se ha dado cuenta de que los demás sienten lo mismo. Así que ahora sus 1,6 millones de suscriptores en YouTube tienen la oportunidad de escuchar esta pieza musical tan especial. ¿Te animas a escucharla?

DÉJATE ENTRETENER

Ve al circo, a bailar, a un concierto, al teatro, al museo de arte o participa en un espectáculo. Abraza las bellas artes. Acudir a un espectáculo de cualquier tipo es una experiencia que hay que compartir con muchos otros. Reír o llorar juntos. Una actuación puede absorberte profundamente y despertarte muchos sentidos. A menudo es algo que se queda con uno durante mucho tiempo, quizá para toda la vida. Se amplía tu perspectiva: tienes la oportunidad de salir de la vida cotidiana y encontrarte con algo más grande. Tal vez sea algo que no entiendas, o que nunca hayas visto o experimentado antes, lo cual —como ahora ya sabes— es bueno para ti.

(6)

Escribe tu asombro

Tiempo estimado: 15 minutos

Propuesta:

Piensa en un momento de tu vida en el que hayas experimentado el asombro, en el que hayas sido testigo de algo poderoso y hayas sentido esa emoción. Puedes encontrar el asombro en todas partes, y solo tú sabes cuándo lo has experimentado. Mucha gente dice que siente algo especial cuando ve un paisaje hermoso, es testigo de un amor incondicional, de acciones valientes y moralmente bellas. Otros hablan de la belleza de algo que ven o de la música que escuchan. Otra forma de hacer este ejercicio podría ser recordar la última vez que sentiste asombro. Cuando hayas dado con ese momento, escríbelo. Escribe con todo el detalle y la profundidad que puedas. Siente. Escribe.

QUINTA PARTE
El futuro es asombroso

Dentro de cincuenta años iremos a la Luna, nos tomaremos un capuchino y nos maravillaremos con la salida de la Tierra. ¿Y si ese es el futuro? ¿Y si utilizamos conscientemente el asombro —y en este caso el efecto perspectiva— para ayudarnos a hacer lo que no siempre tenemos fuerzas para hacer, como preocuparnos más por los demás y por la naturaleza? ¿O para combatir la adicción, curar enfermedades y aliviar el estrés? Los investigadores ven el potencial del asombro y buscan nuevos usos y aplicaciones. En estos momentos, se están produciendo nuevos avances en el ámbito del efecto perspectiva, la tecnología de la realidad virtual (RV) hipermoderna, las drogas psicodélicas y los efectos del asombro en el trabajo.

Empezamos en el laboratorio de investigación. Es aquí, entre cuatro paredes blancas, lejos de las puestas de sol o los paseos por el bosque, donde se intenta medir y aprender todo lo posible. Se han provocado sentimientos de entusiasmo y asombro sustituyendo la realidad por películas y programas de televisión. La serie de televisión de la BBC *Planet Earth* es, sin duda, la fuente de asombro más popular. Y ahora la tecnología de la RV está en auge. Tal vez tome el relevo de la forma tradicional de ver películas y sea una fuente de asombro aún más eficaz. Con esta tecnología, el espectador puede ver, oír, moverse e incluso sentirse completamente presente en un mundo ficticio. Y cuanto mejor sea la tecnología, más fuertes serán los efectos. Con la ayuda de la tecnología de la RV, el arte, los medios de comunicación, la educación y el entretenimiento podrían convertirse en algo completamente diferente de lo que son hoy en día.

Ya hemos hablado sobre ejemplos de investigación en los que se ha utilizado la RV, pero hasta hace poco no se había investigado sobre esta tecnología en sí. Así que un grupo de científicos italiano decidió estudiar si la RV y el asombro constituían una combinación exitosa. Encargaron el diseño de tres entornos virtuales con gran capacidad para provocar en los participantes una sensación de asombro. Se diseñó un cuarto entorno de control para que fuera percibido como neutro. Y, efectivamente, los entornos virtuales diseñados para generar asombro funcionaron. Tuvieron efectos claramente positivos.

En Suecia, la neurocientífica Katarina Gospic trabaja como directora de neurociencia en una empresa que se ocupa de la RV y la RA (realidad aumentada). Proporcionan experiencias con la ayuda de gafas de RV. Ponte una pequeña caja cuadrada delante de los ojos y de repente te encontrarás en medio del bosque, en las primeras filas de un concierto, dentro de una obra de arte, en los túneles del metro de Estocolmo o en una conferencia. Según Katarina Gospic, la RV puede dar a los investigadores acceso a más información de la que normalmente queremos compartir. Por ejemplo, el comportamiento real del usuario en los entornos creados puede observarse midiendo las reacciones cerebrales, otras reacciones físicas (como el sudor de las manos) y los movimientos oculares. Este conocimiento puede aplicarse en distintas áreas como la educación o el diseño de experiencias, por ejemplo. Los entornos virtuales también pueden ayudar a las personas a relajarse, meditar y recuperarse. Dar un paseo ficticio por el bosque no solo disminuye las hormonas del estrés y reduce el nivel de azúcar en la sangre, sino que también puede desencadenar otra serie de efectos del asombro.

Un equipo de investigación canadiense que exploró el potencial del uso de la RV para provocar el asombro dice que es una forma barata y eficaz de llegar a personas con ingresos, movilidad y conocimientos limitados. La mayoría de las personas no puede ir a las pirámides o subir a la cima del Everest para maravillarse, pero con la tecnología de la RV todo el mundo podrá hacerlo. La gente puede tener una poderosa experiencia espacial y ser testigo de la salida de la Tierra sin levantarse de su silla de la oficina.

En lo que respecta al efecto perspectiva, es una realidad que no está tan lejos. Hay un par de empresas que en un futuro muy próximo podrán llevar a seres humanos de un planeta a otro, o de una galaxia a otra. Así, dentro de unos años habrá decenas de miles de viajeros espaciales. Los científicos también estudian lo que ocurre cuando los humanos se exponen a la gravedad cero, la llamada *Zero Gravity*. La NASA y otros organismos están utilizando la tecnología para la investigación y la formación; es la única manera de experimentar la auténtica ingravidez sin salir de la atmósfera terrestre. Utilizando monitores en un grupo de pasajeros del *G-Force One* durante un vuelo de gravedad cero, los investigadores midieron lo que ocurría en sus cerebros. Y al igual que en estudios anteriores, observaron una menor activación en las áreas del cerebro encargadas de nuestro sentido del yo.

Se está llevando a cabo otro experimento en el que se trata de recrear el efecto perspectiva. El investigador encargado del estudio, el psicólogo Steven Pratscher, está preocupado por la polarización del mundo. Quiere encontrar una solución a las crecientes divisiones entre las personas y actualmente investiga si el efecto perspectiva puede tener el mismo impacto en las personas cuando se experimenta aquí en la Tierra. Para intentar reproducir las mismas condiciones, cien personas podrán introducirse en tanques de aislamiento sensorial con equipos de realidad virtual. El silencio y la ingravidez buscan imitar la sensación del espacio, durante la proyección de una película de RV en 360 grados destinada a dejar profundamente asombrados a los participantes. Tras el experimento, se les pide que rellenen un cuestionario en el que se les pregunta si han tenido experiencias místicas, si se han sentido más en contacto con otras personas o si han tenido lo que los psicólogos suelen llamar un «avance emocional». Los efectos serán controlados y medidos en momentos posteriores. El estudio busca mostrar lo que las personas experimentan cuando se las manipula para que crean que están viendo la Tierra desde el espacio. ¿Podría esto afectar los comportamientos y valores de los participantes, especialmente los relacionados con nuestro medio ambiente y nuestro entorno? Si es así, tal vez el método pueda utilizarse como medio para que las personas se impliquen en salvar el planeta, proteger el medio ambiente y vivir en armonía.

Curar la adicción a las drogas y la depresión

Mientras tanto, en otro sector muy diverso del mundo de la investigación, crece el interés por el vínculo entre el asombro y las drogas psicodélicas. De hecho, entre el 65 y el 70 por ciento de todas las experiencias psicodélicas se clasifican dentro del campo del asombro. Se trata de un ámbito controvertido, aunque no es nuevo. Ya en los años cincuenta y sesenta, científicos y médicos intentaron curar la adicción a las drogas, al alcohol y a la ansiedad con la ayuda de drogas psicodélicas. Pero a principios de los años setenta, cuando la cultura hippie empezó a utilizar estas drogas con fines recreativos, fueron clasificadas como estupefacientes, lo que provocó el cese de la investigación.

Las drogas psicodélicas incluyen la psilocibina, que se encuentra en los llamados «hongos mágicos»; el DMT, uno de los componentes clave de la ayahuasca, el brebaje sudamericano; el MDMA, más conocido como éxtasis, y el LSD. Estas drogas aumentan las sensaciones y alteran la percepción del entorno, el estado de ánimo y las capacidades cognitivas de la persona. En el peor de los casos, pueden desencadenar psicosis en las personas con tendencias psicóticas (alrededor del uno por ciento de la población estadounidense). Pero estas drogas no se consideran adictivas. Y un requisito previo para cualquier investigación en este ámbito es que los medicamentos se tomen *solamente* en contextos terapéuticos cuidadosamente controlados. Por lo tanto, no son para experimentar en casa. Estas sustancias siguen siendo ilegales, por lo que todos los estudios están rodeados de rigurosos controles y restricciones.

Sin embargo, el aumento de la mala salud, incluidos el estrés y la adicción, y la falta de curas para estos problemas están cambiando las cosas. Muchos médicos y terapeutas se sienten impotentes y con las manos vacías. Se han probado al menos cincuenta terapias farmacéuticas diferentes para la adicción a la cocaína y, según Peter Hendricks, profesor asociado de psicología clínica, ninguna ha demostrado ser eficaz. Hendricks es uno de los pioneros de la investigación psicodélica, y uno de los que vinculan específicamente su investigación con el asombro. En un estudio sobre un programa local de desintoxicación en el que participaron 25.000 personas, descubrió que las que habían consumido fármacos psicodélicos en el pasado tenían más probabilidades de dejar las drogas que las que no lo habían hecho. Ahora está terminando un ensayo clínico aleatorizado y de carácter doble ciego de varios años de duración en el que se trata la adicción a la cocaína con psilocibina o un placebo. También está probando la hipótesis de que este tipo de tratamiento pueda conducir a una reducción de la actividad delictiva. En otros estudios se ha demostrado que las sustancias psicodélicas reducen el miedo a la muerte de los pacientes con cáncer con un efecto duradero de varios meses. También se ha demostrado que ayudan a los pacientes con depresión resistente al tratamiento. Al cabo de tres meses, más de la mitad de los pacientes no presentaban síntomas de depresión, o eran muy leves.

Los investigadores creen que el caos provocado por las drogas psicodélicas en el cerebro reorganiza las conexiones entre las neuronas. Esto incrementa la comunicación entre las diferentes partes del cerebro, produce cambios en la percepción y puede llevar a una sensación de conocimientos liberadores. Al mismo tiempo, la actividad en la red por defecto disminuye y, como ya sabes, ahí es donde está la autoconciencia. Cuando la actividad desciende, sientes que el ego —o tu propia importancia— disminuye, lo que hace que te veas a ti mismo y al mundo que te rodea con ojos más generosos e inclusivos.

Todavía no está claro si el asombro es la causa o un efecto de los cambios mentales que se producen durante el tratamiento con estos fármacos. Pero un artículo de revisión de 77 estudios muestra que las sustancias psicodélicas aumentan el comportamiento prosocial, la empatía, la flexibilidad cognitiva y la creatividad, y refuerzan las cualidades personales, como tener una mente abierta, estar guiado por los valores, tener alguna relación con la naturaleza, ser espiritual y autotranscendente y tener capacidad para practicar el *mindfulness*. En otras palabras, ¡los mismos efectos que el asombro!

El asombro 9-17

El asombro también puede desempeñar un papel en el lugar de trabajo, aunque todavía no se ha realizado ninguna investigación específica al respecto. Sin embargo, los resultados que existen son sin duda aplicables también a esta esfera de la realidad. ¿Qué problemas relacionados con el trabajo podemos resolver con la ayuda del asombro? Bueno, el que nos produce una preocupación constante: el incremento del estrés y la falta de tiempo. Cuando los objetivos de rendimiento aumentan y los presupuestos y recursos se reducen, el tiempo se convierte en nuestro talón de Aquiles. Hagamos lo que hagamos, rara vez tenemos el tiempo suficiente para tachar los puntos de las listas de tareas, leer y responder a los correos electrónicos entrantes y asistir a las reuniones. Pero saber que el asombro cambia nuestra perspectiva del tiempo puede servir para crear un entorno de trabajo más tranquilo. La simple *sensación* de que tenemos más tiempo nos hace ir más despacio. Nos da la oportunidad de recuperarnos un poco, dejando ir el pensamiento de que estamos más estresados de lo que realmente estamos. Esto nos lleva a tener perspectivas más claras y a tomar decisiones más inteligentes.

En el ambiente laboral actual, disruptivo y competitivo, necesitamos crear equipos más fuertes, centrarnos más en las soluciones y aumentar nuestras habilidades de colaboración. También debemos ser capaces de gestionar la incertidumbre, superar los prejuicios y asimilar nueva información. Tenemos que ser más críticos y más creativos. El asombro podría ayudarnos a lograr todo esto.

Como sabes, sentir asombro por otra persona es una de las fuentes de asombro más poderosas. Si llevamos nuestro deseo innato de sentirnos atraídos por las acciones heroicas o extraordinarias de alguien al lugar de trabajo, también entenderemos la importancia del papel del líder. Admiramos a personalidades excitantes, los motivadores y emprendedores fuertes que van a contracorriente y logran lo imposible. Hay líderes empresariales que surfean sobre esa ola de asombro. Basta con mirar a gigantes empresariales como Elon Musk y Jeff Bezos. Se convirtieron en grandes modelos cuando crearon empresas audaces, controvertidas y exitosas como Tesla y Amazon. Pero como su ascenso se ha visto empañado por un liderazgo deficiente y prácticas poco éticas, se ha perdido en gran medida el asombro asociado a la *belleza moral*. Tal vez el brillo de Musk y Bezos se haya desvanecido, pero sus empresas, y sobre todo sus aventuras espaciales, todavía nos pueden entusiasmar. Space X, la aventura de Elon Musk, con sus planes de colonizar Marte, suele hacer que la gente se quede boquiabierta y se le ponga la piel de gallina. Al igual que la promesa de Bezos de utilizar su empresa de vuelos espaciales Blue Origin para transportar a personas a lo alto de la atmósfera terrestre para que experimenten la ingravidez. Su objetivo es que pronto podamos vivir y trabajar en el espacio.

Las empresas que construyen entornos de trabajo con techos altos, dimensiones verticales y espacios abiertos parecen haber asimilado —o haber entendido intuitivamente— una de las conclusiones de la investigación, a saber, que todo lo que crea una sensación de espacio y grandeza nos da perspectiva sobre nosotros mismos. Diseñar teniendo en cuenta los principios estéticos hará que la gente sea más curiosa y mejore su razonamiento científico, añade Dacher Keltner. Facebook ha adoptado la idea de intentar aumentar la apertura y la generosidad de las personas tal como mostró el estudio de los eucaliptos. Han creado un jardín verde del tamaño de seis campos de fútbol en el tejado de sus instalaciones de Menlo Park, con un sendero sinuoso de dos kilómetros. Otras empresas que invierten en entornos que contribuyen al bienestar del personal son Google, que ha plantado un naranjal interior en su oficina de Tel Aviv, la empresa de software Zendesk, que ha levantado una pared de musgo de dos plantas, y la sede central de Goodyear en East Akron (Ohio), que tiene jardines verticales. A esto se suma la empresa de ropa Patagonia, que ha instalado una hilera de tablas de surf en su área de recepción para animar a sus empleados a coger una o dos olas.

Integrar el asombro en los entornos de trabajo y en la vida laboral cotidiana es una forma hermosa y eficaz de prevenir muchos de los problemas a los que nos enfrentamos hoy en día. La responsabilidad recae en gran medida en los empresarios, pero también en nosotros mismos. Un día escuchamos al poeta Bob Hansson en el programa de radio *Tankar för dagen* (Pensamientos para el día), donde nos insta a salir en busca del asombro. ¿Y no tiene razón cuando dice: «Cuando vuelvas a hablar con tu jefe sobre tu salario, exígele que lo pague con un mayor asombro»?

No tengas miedo

El panorama del asombro para el futuro es grandioso, espectacular, emocionante. En la próxima década ocurrirán muchas cosas en el ámbito de la investigación, y solo hemos visto el principio. A los seres humanos suelen asustarnos lo nuevo y lo desconocido. Un apasionado de las posibilidades que puede brindarnos la tecnología, y el asombro en particular, es el futurista, filósofo y cineasta Jason Silva. Se llama a sí mismo un *wonderjunkie*. Según Jason Silva, la biotecnología, la nanotecnología y la inteligencia artificial hacen que el futuro sea más brillante que nunca. «No tengas miedo, intenta ver la poesía en lo que es posible. El pegamento que lo mantendrá todo unido, la tecnología en simbiosis con la verdadera esencia de la humanidad, es el asombro.» En el canal de YouTube *Shots of Awe*, Silva trata de hacer accesible el futuro a su casi medio millón de suscriptores despertando su entusiasmo. Su objetivo es generar entusiasmo y curiosidad, hacernos entender que depende de nosotros dirigir las posibilidades de la tecnología en una dirección positiva. Está convencido de que, en un futuro próximo, con la ayuda de la tecnología, escenificaremos situaciones extáticas a diario. «Momentos manipulados de asombro que harán que nuestras mentes exploten y nuestros corazones se abran. Será reparador y edificante para nuestra salud mental.»

Silva nos recuerda que la humanidad no sería lo que es sin la tecnología. ¿Quiénes seríamos sin el fuego, por ejemplo? ¿O sin las herramientas que nos hacen la vida más fácil? ¿O sin pinturas al óleo para pintar? ¿O sin instrumentos musicales? ¿O sin teléfonos inteligentes? Pronto todo esto se integrará en nosotros y a través de nosotros, dice Silva, que espera convertirse en el híbrido de tecnología virtual y biotecnología que nos deparará el futuro. Pero está igualmente convencido de que necesitamos el asombro para sobrevivir. «Sin el asombro no hay misterio, ni alegría, ni piel de gallina. El asombro nos hace recordar quiénes somos.»

Déjate fascinar

Imagina lo grande que puede ser la pequeñez. La reducción del ego que produce el asombro nos ayuda a recordar que en realidad somos parte de los demás. Tal vez esto pueda ser un atajo para lo que las amenazas climáticas y las enfermedades mentales nos obligan a hacer: trabajar por el bien común. De hecho, una clave para la paz mundial. Sí, del tipo que empieza en casa, alrededor de la mesa de la cocina, en el diálogo cercano con tus colegas del trabajo o ayudando a tu vecino. Anillos en el agua.

Y hay más cosas con las que especular. Porque el asombro genera comunidad. Queremos compartir estos momentos increíbles con los demás. El psicólogo Paul Piff dice que el asombro tiene un componente viral. Tal vez sea esto lo que nos une: que queremos compartir nuestras experiencias positivas. Imagina que estás sentado en la playa con un grupo de personas y ves cómo se pone el sol. El cielo se vuelve rosado, las nubes se tiñen de un hermoso color púrpura rojizo... Seguro que te vuelves hacia los demás y exclamas: «¡Guau! ¿Lo estáis viendo?». Compartimos las fotos de las puestas de sol en las redes sociales. Es algo hermoso y humano. El impulso de dirigirse inmediatamente a los que están a tu lado y amplificar el sentimiento que tienes. Ser dos o más los que compartís la alegría y sentís gratitud y humildad. Jason Silva cree que para conseguir hacer del mundo un lugar mejor tenemos que ser capaces de conmover a los demás. «¿Y si redefinimos lo que significa ser multimillonario? ¿Y si un multimillonario pudiera ser alguien que conmoviera positivamente a mil millones de personas?»

En las etapas finales de la escritura de este libro, leímos la publicación de una amiga en Facebook. Klara escribe sobre su viaje de vuelta a casa después de un encargo: «Hoy el taxista de Skåne ha tomado la carretera que cruza los campos en lugar de la autopista: "Es igual de rápido y me gusta conducir por aquí". Al principio no me convencía. Seguro que la autopista debe de ser más rápida. ¿Y por qué le gusta más? Ha sido un trayecto de lo más agradable, en el que me ha hablado de los campos que la colza pinta de amarillo en verano, de que antes vivía en Luleå pero le parecía frío, y de que conducía un taxi en lugar de trabajar como informático porque las vistas eran mucho mejores que la pantalla. Respeto. Hasta me ha dolido un poco tener que abandonar su burbuja de eficacia. Además, ha conseguido coger un vuelo más temprano de vuelta a casa».

Nos alegramos. Pensamos que así es como nosotros experimentamos y difundimos el asombro en la vida cotidiana.

Y luego estás tú. Tú que has leído hasta aquí. Gracias. Esperamos haberte hecho un poco más consciente del increíble don que es el asombro. Un placer momentáneo que puede aportar bienestar a largo plazo. Pero también un vínculo con el misterio, con lo que parece inexplicable. Que da color a una vida cotidiana que, de otro modo, sería bastante exigente, y que te saca de la cama por la mañana. Aquello que te hace revivir y te relaja con un «¡Oh!».

Gracias, gracias, gracias

La gratitud por la franqueza y la generosidad recibidas es lo primero que nos viene a la mente cuando nos sentamos a escribir estas líneas. Eso incluye tanto la forma en que Cecilia Viklund, nuestra editora, respondió por correo electrónico a nuestra consulta («Por supuesto que me interesa el asombro, ¿podemos vernos esta semana?»), como el modo como nos recibieron algunos de los investigadores más destacados en este campo. Así, un gran agradecimiento para el gran equipo de Bonnier Fakta, con Cecilia al frente, junto con Eva Persson, Sofia Heurlin, Per Lilja, Bengt Åkesson y Magdalena Höglund. Y una fanfarria para la mujer que está detrás de las mágicas ilustraciones del libro, Li Söderberg.

También quisiéramos expresar un agradecimiento muy especial al profesor Dacher Keltner, que nos llevó a un viaje de asombro increíble al invitarnos a la Modern Elder Academy de Baja California, México. Durante todo el proceso de escritura de este libro ha compartido con nosotras sus vastos conocimientos e investigaciones sobre el asombro, y también hemos tenido ocasión de conocer la calidez, la sabiduría, la curiosidad y la generosidad que hacen de él una persona de la que uno querría ser amigo para siempre. Gracias también al oráculo de los negocios y maestro de sabiduría Chip Conley, que nos hizo sitio en el curso *Awe, wonder & curiosity* cuando ya no quedaban plazas.

Gracias también a los investigadores Michelle Lani Shiota, Michiel van Elk, Melanie Rudd, Jennifer Stellar, Neha John-Henderson y David Yaden por sus valiosas aportaciones. Y a Ben Page, que en Nochebuena encontró tiempo para darse un baño de bosque con nosotras en el Bosque Nacional de Ángeles. También nos inclinamos ante todos los que habéis contribuido a este libro de diversas maneras. ¡Hemos podido ver el brillo en vuestros ojos y experimentar de verdad cómo la maravillosa sensación del asombro despierta algo en todos nosotros!

AGRADECIMIENTOS DE SARA HAMMARKRANTZ

Mi mayor agradecimiento es para *mi compañera de asombro* Katrin. Qué enriquecedor es trabajar con esta persona tan sabia, cariñosa e inteligente. Siempre ve y piensa un paso más allá, mejor, más alto y, sobre todo, más grande que muchos de nosotros. Una artista de la palabra con una confianza total en su intuición, que me ha animado cuando he tenido dudas y que tuvo el valor de actuar basándose en lo que le ponía la piel de gallina mucho antes de que nadie hablara del asombro. A lo largo del camino ha acuñado algunas expresiones legendarias. Lo que empezó como una broma —llamarnos *el equipo sueco del asombro*— pronto fue utilizado por todos durante nuestro viaje a Estados Unidos. Por no hablar de cuando se refirió a nosotras como «La combinación perfecta de todo».

Cómo nos hemos reído. Cuánto hemos aprendido. Y qué lejos hemos llegado partiendo de las flores que tenías en la mesa de tu cocina. Qué viaje. Qué regalo. Gracias. Gracias. ¡Gracias!

También me gustaría dar las gracias a mi antigua coautora, Katarina Blom, que me animó y fue la primera en leer el manuscrito y hacernos sabios comentarios. Y luego a mis queridos hijos, Hugo y Hedvig, y al novio de Hedvig, Adam, mis principales apoyos. Gracias también a Cristina Tscherning, Malin Bergström y Maria Nilsson por sus valiosas aportaciones. Y a M, que cree firmemente en mis escritos y hace que me maraville un poco más.

AGRADECIMIENTOS DE KATRIN SANDBERG

Sara, gracias por tu insaciable curiosidad, tu ardiente pasión y tu inagotable entusiasmo, por tu alegría al escribir, tu lealtad, tu impulso, tu compromiso, por tu profesionalidad, tu sociabilidad, tu amor... Me alegro infinitamente de que nuestros sentimientos por la belleza de las cosas y el interés por las nuevas formas de pensar nos hayan unido. Por que fuéramos precisamente nosotras dos las que nos pusiéramos al servicio del asombro, por el regalo que esto supuso.

Escribir un libro entre dos es un viaje en sí mismo. Un viaje que me ha enseñado mucho más sobre lo que es ser humano. La lección más importante que saco de esto es la de que el camino lo es todo y que la meta no es más que la meta. El apartamento de Sara está en el tercer piso y medio. Cuando tomo el ascensor, me detengo en el tercer piso y subo el último tramo de las escaleras. Sara va hasta el cuarto piso y baja por las escaleras. Esto puede simbolizar nuestra forma de trabajar. Siempre hemos tenido el mismo objetivo en mente —la puerta—, pero hemos tomado diferentes caminos para llegar a él. Yo veo las cosas «arriba», Sara las ve «abajo». Al principio nos sorprende que veamos las cosas de forma diferente, luego asimilamos la información, la digerimos, la retorcemos y la giramos. Llegamos al «ajá», lo que nos enriquece y nos hace ver más. Haber aprendido esto ha sido y es mi gran ganancia. Que luego se convirtiera en todo un libro sobre el asombro, ¡mejor que mejor!

Referencias

ENTREVISTAS PERSONALES

Anna Laestadius Larsson, escritora, 11 de noviembre de 2019.

Ben Page, guía de terapia forestal, fundador de Shinrin yoku LA, fundador de The Open School Institute, LA, 24 de diciembre de 2019.

Blake Mycoskie, fundador y antiguo propietario de Toms, 21 de diciembre de 2019.

Dacher Keltner, catedrático de Psicología, Universidad de California, Berkeley, 15-22 diciembre 2019.

David Yaden, investigador en Psicología, Universidad de Pensilvania, 19 de febrero de 2020.

Gunilla Palmstierna-Weiss, escenógrafa, artista, y *Martina Domonkos Klemmer*, comisaria, 15 de enero de 2020.

Jason Silva, futurista, filósofo y cineasta, Shot of Awe, 24 de febrero de 2020.

Jennifer Stellar, profesora asociada de Psicología, Universidad de Toronto, 27 de febrero de 2020.

Lani Shiota, catedrática adjunta de Psicología Social, Universidad Estatal de Arizona, 13 de diciembre de 2019.

Leigh Ann Henion, escritora y periodista, 21 de noviembre de 2019.

Melanie Rudd, catedrática adjunta de Marketing, Bauer College of Business, Universidad de Houston, 10 de diciembre de 2019.

Michiel van Elk, catedrático adjunto de Neurociencia cognitiva, Universidad de Ámsterdam, 4 de diciembre de 2019.

Navid Modiri, presentador de televisión, activista de la conversación, 30 de diciembre de 2019.

Neha John-Henderson, catedrática adjunta de Neurociencia, Universidad Estatal de Montana, 4 de febrero de 2020.

Stefan Edman, biólogo, escritor, conferenciante, 11 de diciembre de 2019.

INTRODUCCIÓN

Fragmentos del discurso de Año Nuevo de Göran Rosenberg *Om att förundras och häpnas*, pronunciado en la Engelbrektskyrka, Estocolmo, 31 de diciembre de 2014 y 1 de enero de 2016.

MALMSTEN, Bodil, *Så gör jag. Konsten att skriva*, Modernista, Estocolmo, 2012.

PIFF, P. K., P. Dietze, M. Feinberg, D. M. Stancato, y D. Keltner, «Awe, the small self, and prosocial behavior», en *Journal of personality and social psychology*, núm. 108(6), 2015, pp. 883-889.

PRIMERA PARTE
¡GUAU! ESTO ES EL ASOMBRO

CLEWIS, R., «Awe & Sublimity», Philosophy Now, 2019, https://philosophynow.org/issues/132/Awe_and_Sublimity SHELDON, K. M., T. B. Kashdan y M. F. Steger (ed.), *Designing positive psychology: Taking stock and moving forward*, Oxford University Press, Oxford, 2010.

D'ARDENNE, K., «Research that takes your breath away: The impact of awe», en *Asu News*, 2019, https://asunow.asu.edu/20190103-research-takes-your-breath-away-impact-awe

DANVERS, A. F., y M. N. SHIOTA, «Going off script: Effects of awe on memory for script-typical and-irrelevant narrative detail», en *Emotion*, núm. 17(6), 2017, pp. 938-952.

McPHETRES, J., «Oh, the things you don't know: awe promotes awareness of knowledge gaps and science interest», *en* Cognition and Emotion, núm. 33(8), 2019, pp. 1599-1615.

SCHURTZ, D. R., S. Blincoe, R. H. Smith, C. A. J. Powell, D. J. Y .Combs, y S. H. Kim, «Exploring the social aspects of goosebumps and their role in awe and envy», en *Motivation & Emotion*, núm. 36, 2012, pp. 205-217.

SHANAHAN, M., «Awe may be a forest's least known gift», en *Earth Island Journal*, 2018, https://www.earthisland.org/journal/index.php/articles/entry/awe_may_be_a_forests_least_known_gift/

SHIOTA, M. N., D. Keltner y A. Mossman, «The nature of awe: Elicitors, appraisals, and effects on self-concept», en *Cognition and emotion*, núm. 21(5), 2007, pp. 944-963.

The Economic Times, «From elation to embarrassment, "oohs" and "aahs" convey 24 types of emotion», 2019, https://m.economictimes.com/magazines/panache/from-elation-to-embarrassment-oohs-

and-aahs-convey-24-types-of-emotion/
articleshow/67868354.cms

Tix, A., «A brief history of awe», en *Psychology Today*, 2015, https://www.psychologytoday.com/intl/blog/the-pursuit-peace/201510/brief-history-awe

SEGUNDA PARTE
LOS EFECTOS DEL ASOMBRO

ESTARÁS MÁS SANO

Bergland, C., «Awe engages your vagus nerve-and can combat narcissism» en *Psychology Today*, 2017, https://www.psychologytoday.com/us/blog/the-athletes-way/201705/awe-engages-your-vagus-nerve-and-can-combat-narcissism

Goddard, J., «The antiinflammatory effects of a sense of awe and wonder», https://www.the-cma.org.uk/Articles/The-antiinflammatory-effects-of-a-sense-of-awe-and-wonder-6099/

Gould, K., «The Vagus Nerve: Your Body's Communication Superhighway», en *Livescience*, https://www.livescience.com/vagus-nerve.html

Stellar, J. E., N. John-Henderson, C. L. Anderson, A. M. Gordon, G. D. McNeil y D. Keltner, «Positive affect and markers of inflammation: Discrete positive emotions predict lower levels of inflammatory cytokines», en *Emotion*, núm. 15(2), 2015, pp. 129-133.

ESTARÁS MENOS ESTRESADO

Anderson, C. L., M. Monroy y D. Keltner: «Awe in nature heals: Evidence from military veterans, at-risk youth, and college students», en *Emotion*, núm. 18(8), 2018, pp. 1195-1202.

Behar, M., «What the heck is awe and why is it so powerful?», en *Men'sHealth*, 2019. https://www.menshealth.com/health/a27545758/the-health-benefits-of-awe/

Rankin, K., S. E. Andrews, y K. Sweeny, «Awe-full uncertainty: Easing discomfort during waiting periods», en *The Journal of Positive Psychology*, vol. 15, 2020, pp. 338-347. También disponible en: http://www.katesweeny.com/

uploads/2/6/9/4/26944848/rankin_andrews___sweeny_2019__jpp_.pdf

Stellar, J. E., N. John-Henderson, C. L. Anderson, Gordon, A. M., G. D. McNeil, y D. Keltner, «Positive affect and markers of inflammation: Discrete positive emotions predict lower levels of inflammatory cytokines», en *Emotion*, núm. 15(2), 2015, pp. 129-133.

Warren, J. D., «An "awe-full" state of mind may set you free», en *UC Riverside News*, 21 de junio de 2019, https://news.ucr.edu/articles/2019/06/21/awe-full-state-mind-may-set-you-free

TENDRÁS MÁS TIEMPO

Chang, H., «Moments of awe affect our perception of time according to Research at Stanford Business School», en *Businesswire*, 18 de julio de 2012, https://www.businesswire.com/news/home/20120718006636/en/Moments-Awe-Affect-Perception-Time-Research-Stanford

Felps, P., «Embracing awe», en *livehappy*, 27 de junio de 2017, https://www.livehappy.com/science/embracing-awe

Rudd, M., K. D. Vohs y J. Aaker, «Awe expands people's perception of time, alters decision making, and enhances well-being», en *Psychological Science*, núm. 23(10), 2012, pp. 1130-1136.

Van Elk, M., y M. Rotteveel, «Experimentally induced awe does not affect implicit and explicit time perception», en *Attention, Perception & Psychophysics*, núm. 82, 2020, pp. 926-937. También disponible en: https://link.springer.com/article/10.3758/s13414-019-01924-z

SERÁS MÁS INTELIGENTE

Allen, S., «Eight reasons why awe makes your life better», en *Greater Good Magazine*, 26 de setiembre de 2018, https://greatergood.berkeley.edu/article/item/eight_reasons_why_awe_makes_your_life_better

Estrada, C. A., A. M. Isen y M. J. Young, «Positive affect facilitates integration of information and decreases anchoring in reasoning among physicians», en *Organizational Behavior and Human Decision Processes*, núm. 72(1), 1997, pp. 117-135.

FREDRICKSON, B. L., «The role of positive emotions in positive psychology: The broaden-and-build theory of positive emotions», en *American psychologist*, núm. 56(3), 2001, pp. 218-226.

GOTTLIEB, S., D. Keltner y T. Lombrozo, «Awe as a scientific emotion», en *Cognitive science*, núm. 42(6), 2018, pp. 2081-2094.

KNISPEL, S., «Does awe lead to greater interest in science», en *Newscenter*, Universidad de Rochester, 6 de marzo de 2019, https:// www.rochester.edu/newscenter/does-awe-lead-to-greater-interest-in-science-366192/

MCPHETRES, J., «Oh, the things you don't know: awe promotes awareness of knowledge gaps and science interest», en *Cognition and Emotion*, núm. 33(8), 2019, pp. 1-17.

VALDESOLO, P., A. Shtulman y A. S. Baron, «Science is awesome: The emotional antecedents of science learning», en *Emotion Review*, núm. 9(3), 2017, pp. 215-221.

SERÁS MÁS CREATIVO

ANDERSON, C. L., D. D. Dixson, M. Monroy y D. Keltner, «Are awe prone people more curious? The relationship between dispositional awe, curiosity, and academic outcomes», en *Journal of personality*, núm. 88(4), 2019, pp. 762-779.

CHIRICO, A., V. P. Glaveanu, P. Cipresso, G. Riva y A. Gaggioli, «Awe enhances creative thinking: an experimental study», en *Creativity Research Journal*, núm. 30(2), 2018, pp. 123-131.

RUDD, M., C. Hildebrand y K. D. Vohs, «Inspired to create: Awe enhances openness to learning and the desire for experiential creation», en *Journal of Marketing Research*, núm. 55(5), 2018, pp. 766-781.

ZHANG, J. W., C. L. Anderson, P. Razavi, Z. Mello, H. Shaban Azad, M. Monroy y D. Keltner, *Trait and state based experience of awe promotes creativity*. (Tesis doctoral, Universidad de California, Berkeley, 2017).

SERÁS MENOS EGOÍSTA

ALLEN, S., «What awe looks in the brain», en *Greater Good Magazine*, 18 de octubre de 2019, https://greatergood.berkeley.edu/article/ item/what_awe_looks_like_in_the_brain

GODMAN, A., «Vad gör hjärnan när den är ledig?», en *Motivation.se*, julio de 2017, https://www.motivation.se/innehall/vad-gor-hjarnan-nar-den-ar-ledig/

KILLINGSWORTH, M. A., y D. T. Gilbert, «A wandering mind is an unhappy mind», en *Science*, núm. 330(6006), 2010, pp. 932-932.

MCGONIAL, K., «How to make stress your friend», en *TEDglobal*, junio de 2013, https://www.ted.com/talks/kelly_mcgonigal_how_to_make_stress_your_friend/discussion

VAN ELK, M., M. A. Arciniegas Gomez, W. Van der Zwaag, H. T. Van Schie y D. Sauter, «The neural correlates of the awe experience: Reduced default mode network activity during feelings of awe», en *Human brain mapping*, núm. 40(12), 2019, pp. 3561-3574.

SERÁS MÁS AMABLE

HOFFMAN, A., «How awe makes us generous», en *Greater Good Magazine*, 3 de agosto de 2015, https://greatergood.berkeley.edu/ article/item/how_awe_makes_us_generous

JOYE, Y., y J. W. Bolderdijk, «An exploratory study into the effects of extraordinary nature on emotions, mood, and prosociality», en *Frontiers in psychology*, 5, 1577, 2015. También disponible en: https://www.frontiersin.org/ articles/10.3389/fpsyg.2014.01577/full

LI, J. J., K. Dou, Y. J. Wang y Y. G. Nie, «Why awe promotes prosocial behaviors? The mediating effects of future time perspective and self-transcendence meaning of life», en *Frontiers in psychology*, núm. 10, 2019. También disponible en: https:// www.frontiersin.org/articles/10.3389/ fpsyg.2019.01140/full

PIFF, P. K., P. Dietze, M. Feinberg, D. M. Stancato y D. Keltner, «Awe, the small self, and prosocial behavior», en *Journal of Personality and Social Psychology*, núm. 108(6), 2015, pp. 883-899.

PRADE, C., y V. Saroglou, «Awe's effects on generosity and helping», en *The Journal of Positive Psychology*, núm. 11(5), 2016, pp. 522-530.

YANG, Y., Z. Yang , T. Bao, Y. Liu y H. A. Passmore, «Elicited awe decreases aggression», en *Journal of Pacific Rim Psychology*, núm. 10, 2016. También disponible en: https://journals.sagepub. com/doi/full/10.1017/prp.2016.8

ESTARÁS MÁS SATISFECHO

KELTNER, D., y J. Haidt, «Approaching awe, a moral, spiritual, and aesthetic emotion», en *Cognition and emotion*, núm. 17(2), 2003, pp. 297-314.

TIAN, Y., y D. Lu, «The experimental research on the influence of materialism and the emotion of awe on life satisfaction and products preference», en *Open Journal of Social Sciences*, núm. 3(10), 2015, pp. 138-145.

ZHAO, H., H. Zhang, Y. Xu, W.He y J. Lu, «Why are people high in dispositional awe happier? The roles of meaning in life and materialism», en *Frontiers in psychology*, núm. 10, 2019, 1208. https://www.frontiersin. org/articles/10.3389/fpsyg.2019.01208/full

TOMARÁS DECISIONES MÁS ECOLÓGICAS

WANG, L., G. Zhang, P. Shi, X. Lu y F. Song, «Influence of Awe on Green Consumption: The Mediating Effect of Psychological Ownership», en *Frontiers in psychology*, núm. 10, 2019. También disponible en: https:// www.frontiersin.org/articles/10.3389/ fpsyg.2019.02484/full

TERCERA PARTE
FUENTES DEL ASOMBRO

LA NATURALEZA

2019 National Veteran Suicide Prevention Annual Report, Office of Mental Health and Suicide Prevention, US Department of Veteran Affairs.

ABRAHAMSON, J., «The science of awe», en *Sierra*, 2 de octubre de 2014, https://www. sierraclub.org/sierra/2014-6-november-december/feature/science-awe

ANDERSON, C. L., M. Monroy, y D. Keltner, «Awe in nature heals: Evidence from military veterans, at-risk youth, and college students», en *Emotion*, núm. 18(8), 2018, pp. 1195.

ANWAR, Y., «Nature is proving to be awesome medicine for PTSD», en *Berkeley News*, 12 de julio de 2018, https://news.berkeley. edu/2018/07/12/awe-nature-ptsd/

ARMITAGE, H., «10 awe-inspiring places to watch the sunset», Culture Trip, 9 de febrero de 2017, https://theculturetrip.com/north-

america/usa/articles/10-awe-inspiring-places-to-watch-the-sunset/

BARE, S., «Why veterans should get outdoors», en *Greater Good Magazine*, vídeo, https:// greatergood.berkeley.edu/video/item/ why_veterans_should_get_outdoors,

DE LUCE, I., «Something profound happens when astronauts see Earth from space for the first time», en *Insider*, 16 de julio de 2019, https://www.businessinsider.com/ overview-effect-nasa-apollo8-perspective-awareness-space-2015-8

EDWARDS, A. R., *Renewal: How Nature Awakens Our Creativity, Compassion, and Joy*, New Society Publishers, Gabriola Island, BC, Canadá, 2019.

EMERSON, R. W., *Nature and Selected Essays*, Penguin Classics, Londres, 2003.

FERREIRA, B., en *Vice*, 12 de octubre de 2016, «Seeing Earth from Space Is the Key to Saving Our Species from Itself», https:// www.vice.com/en/article/bmvpxq/to-save-humanity-look-at-earth-from-space-overview-effect

GREGUSKA, E., «Ooh and awe. The science behind our fascination with the Grand Canyon», *ASU News*, 25 de febrero de 2019, https://asunow.asu.edu/20190205-discoveries-ooh-and-awe-science-behind-our-fascination-grand-canyon https://www.natureandforesttherapy.earth

HANSEN, M. M., R. Jones, y K. Tocchini, «Shinrin-yoku (forest bathing) and nature therapy: A state-of-the-art review», en *International journal of environmental research and public health*, núm. 14(8), 2017, 851. También disponible en: https://www.ncbi.nlm.nih. gov/pmc/articles/PMC5580555/

HENION, L. A., «Space tourism will surely be a blast, but can it also improve life on earth?», en *The Washington Post*, 30 de noviembre de 2017, https://www.washingtonpost.com/ lifestyle/magazine/space-tourism-will-surely-be-a-blast-but-can-it-also-improve-life-on-earth/2017/11/28/c9abfa40-c3f2-11e7-aae0-cb18a8c29c65_story.html

HIGGINS, D., «After combat, time outside saved army veteran Stacy Bare's life», en *Veterans Advantage*, 5 de diciembre de 2017, https://www.veteransadvantage.com/blog/ military-veterans-life/after-combat-time-outside-saved-army-veteran-stacy-bares-

«How the outdoors saved my life (Stacy Bare)», en *Beyond de Uniform*, podcast, 2 de mayo de 2019, https://beyondtheuniform.org/blog/btu-268-how-the-outdoors-saved-my-life-stacy-bare

Kim, M., «"Forest bathing" is latest fitness trend to hit U.S. - "Where yoga was 30 years ago"», en *The Washington Post*, 17 de mayo de 2016, https://www.washingtonpost.com/news/to-your-health/wp/2016/05/17/forest-bathing-is-latest-fitness-trend-to-hit-u-s-where-yoga-was-30-years-ago

Kuo, M., «How might contact with nature promote human health? Promising mechanisms and a possible central pathway», en *Frontiers in psychology*, núm. 6, 2015, 1093. También disponible en: https://www.frontiersin.org/articles/10.3389/fpsyg.2015.01093/full

Li, Q., K. Morimoto, A. Nakadai, H. Inagaki, M. Katsumata, T. Shimizu y T. Kagawa, «Forest bathing enhances human natural killer activity and expression of anti-cancer proteins», en *International journal of immunopathology and pharmacology*, núm. 20, 2007, pp. 3-8.

Rosenfeld, J., «Scientists are trying to solve the mystery of awe», en *The Cut*, 26 de mayo de 2016, https://www.thecut.com/2016/05/scientists-are-trying-to-solve-the-mystery-of-awe.html

Ryan, R., J. B. Weinstein, K. W. Brown y L. Mastella, «Spending time in nature makes people feel more alive, study shows», Universidad de Rochester, 3 de junio de 2010, http://www.rochester.edu/news/show.php?id=3639

Sample, I., «Scientists attempt to recreate "Overview effect" from Earth», en *The Guardian*, 26 de diciembre de 2019, https://www.theguardian.com/science/2019/dec/26/scientists-attempt-to-recreate-overview-effect-from-earth

Shaw, S., «The Overview Effect», en *Psychology in action*, 1 de enero de 2017, https://www.psychologyinaction.org/psychology-in-action-1/2017/01/01/the-overview-effect

Smith, J. A., «The benefits of feeling awe», en *Greater Good Magazine*, 30 de mayo de 2016, https://greatergood.berkeley.edu/article/item/the_benefits_of_feeling_awe

Vídeo del «Oso de Yosemite», https://www.youtube.com/watch?v=OQSNhk5ICTI

White, F. (transcripción), «The Overview Effect», en *Houston We Have a Podcast*, 30 de agosto de 2019, https://www.nasa.gov/johnson/HWHAP/the-overview-effect

EL SER HUMANO

Allen, S., *The Science of Awe. A white paper prepared for the John Templeton Foundation*, The Greater Good Science Center at UC Berkeley, 2018.

Berger, J., y L. Milkman, K. , «Social transmission and viral culture», en *Journal of Marketing Research*, 2010. Preimpresión.

Graziosi, M., y D. Yaden, , «Interpersonal awe: Exploring the social domain of awe elicitors», en *The Journal of Positive Psychology*, núm. 16(3), 2019, pp. 1-9.

Hartelius, A., «Greta Thunberg berättar om diagnosen i "Skavlan"», en *Aftonbladet*, 18 de enero de 2019, https://www.aftonbladet.se/nojesbladet/a/zLoeb1/greta-thunberg-berattar-om-diagnosen-i-skavlan

Jobe, M. D., «Greta, 15, sittstrejkar för klimatet: "Vår tids ödesfråga"», en *Svt Nyheter*, 10 de setiembre de 2018, «https://www.svt.se/nyheter/lokalt/stockholm/greta-thunberg-15-klimatfragan-ar-var-tids-odesfraga https://sv.wikipedia.org/wiki/Greta_Thunberg

Keltner, D., *Born to Be Good, The Science of a Meaningful Life*, WW Norton & Co, Nueva York, 2009.

Morgan, G., «The power of silence: the art of Marina Abramović», en *Cherwell*, 19 de noviembre de 2018, https://cherwell.org/2018/11/19/the-power-of-silence-the-art-of-marina-abramovic/

Rees-Jones L., K. L. Milkman, y J. Berger, «The Secret to Online Success: What Makes Content Go Viral», en *Scientific American*, 14 de abril de 2015, https://www.scientificamerican.com/article/the-secret-to-online-success-what-makes-content-go-viral/

Samuels, A. J., «Marina Abramović: The Artist is Present, and Overwhelmingly So», en *Culture Trip*, 11 de noviembre de 2016, https://theculturetrip.com/europe/serbia/articles/marina-abramovi-the-artist-is-present-and-overwhelmingly-so/

SHAER, M., «What Emotion Goes Viral the Fastest?», en *Smithsonian Magazine*, abril de 2014, https://www.smithsonianmag.com/science-nature/what-emotion-goes-viral-fastest-180950182/

STELLAR, J. E., A. Gordon, C. L. Anderson, P. K. Piff, G. D. McNeil, y D. Keltner, «Awe and humility», en *Journal of Personality and Social Psychology*, núm. 114(2), 2018, pp. 258-269.

STELLAR, J. E., A. M. Gordon, P. K.Piff, D. Cordaro, C. L. Anderson, Y. Bai, y D. Keltner, «Self-transcendent emotions and their social functions: Compassion, gratitude, and awe bind us to others through prosociality», en *Emotion Review*, núm. 9(3), 2017, pp. 200-207.

TAYLOR, R., «Marina Abramović, *The Artist is Present*», en *Smarthistory*, https://smarthistory.org/marina-abramovic-the-artist-is-present/

Universidad de Virginia, «*Fifty Years of Research – NDEs*», https://med.virginia.edu/perceptual-studies/our-research/children-who-report-memories-of-previous-lives/fifty-years-of-research/

HABILIDADES

BERGER, J., y K. L. Milkman, «Emotion and virality: what makes online content go viral?», en *GfK Marketing Intelligence Review*, núm. 5(1), 2013, pp. 18-23.

BERMUDEZ, J., D. Krizaj, D. L. Lipschitz, C. E. Bueler, J. Rogowska, D. Yurgelun-Todd y Y. Nakamura, «Externally-induced meditative states: an exploratory fMRI study of architects' responses to contemplative architecture», en *Frontiers of architectural research*, núm. 6(2), 2017, pp. 123-136.

CADWALLADR, C., «Susan Boyle: What happened to the dream?», en *The Guardian*, 30 de mayo de 2010, https://www.theguardian.com/music/2010/may/30/susan-boyle-the-dream

CALHOUN, A., «Awe», en *Texas Architect*, mayo/junio de 2017, https://magazine.texasarchitects.org/2017/05/16/awe/

Cirque du Soleil. https://www.cirquedusoleil.com/
Tráiler oficial de «O», del Cirque du Soleil. https://www.youtube.com/watch?v=8JUgCC9mh0A

GRADY, C., «Cirque du Soleil and the neuroscience of awe» *en Vox*, 10 de enero de 2019, https://www.vox.com/culture/2019/1/10/18102701/cirque-du-soleil-la

LIBERATORE, P., «In a new book, Dave Eggers explains why the Golden Gate Bridge is orange, not gold», en *Marin Independent Journal*, 8 de noviembre de 2015, https://www.marinij.com/2015/11/08/in-a-new-book-dave-eggers-explains-why-the-golden-gate-bridge-is-orange-not-gold/

LOTTO, B. «How we experience awe - and why it matters», TED, https://www.ted.com/talks/beau_lotto_and_cirque_du_soleil_how_we_experience_awe_and_why_it_matters

McDERMOTT, M., «Susan Boyle's iconic *I Dreamed A Dream* performance turns 10», en *USA Today*, 14 de abril de 2019, https://eu.usatoday.com/story/life/music/2019/04/11/susan-boyles-iconic-i-dreameddream-performance-turns-10/3426767002/

NEGAMI, H., *Awe-inducing interior space: Architectural causes and cognitive effects*. Tesis de Máster, Universidad de Waterloo, 2016.

Primera audición de Susan Boyle, https://www.youtube.com/watch?v=yE1Lxw5ZyXk

ROSLING, H., O. Rosling y A. R. Rönnlund, *Factfulness*, Natur och Kultur, Estocolmo, 2018.

Salomon, I., «Golden Gate Bridge var rena vansinnesprojektet», en *Världens Historia*, 5 de enero de 2022, https://varldenshistoria.se/teknik/byggnader/golden-gate-bridge-var-rena-vansinnesprojektet

STANCATO, D. M., y D. Keltner, , «Awe, ideological conviction, and perceptions of ideological opponents», en *Emotion*, núm. 21(1), 2019, pp. 61-72.

Tierny, J., «Will you be e-mailing this column? It's awesome», en *The New York Times*, 9 de febrero de 2010, https://www.nytimes.com/2010/02/09/science/09tier.html

VAN CAPPELLEN, P., V. Saroglou, C. Iweins, M. Piovesana, y B. L. Fredrickson, «Self-transcendent positive emotions increase spirituality through basic world assumptions», en *Cognition & emotion*, núm. 27(8), 2013, pp. 1378-1394.

LA CULTURA

ALLISON, J., «Art and awe as healing», en *TED*, julio de 2017, https://www.ted.com/talks/jennifer_allison_art_and_awe_as_healing#t-796584

CABRAL, J., «Is there more to compassion and awe?», en *The Medium*, 7 de noviembre de 2016, https://archive.themedium.ca/features/is-there-more-to-compassion-and-awe/

SCHINDLER, I., G. Hosoya, W. Menninghaus, U. Beermann, V. Wagner, M. Eid, y K. R. Scherer, «Measuring aesthetic emotions: A review of the literature and a new assessment tool», en *PLOS ONE*, núm. 12(6), 2017, e0178899. Disponible en: https://journals.plos.org/plosone/article?id=10.1371/journal.pone.0178899

LARSSON, M. B., «Vår oändliga inre arkitektur», en *Aftonbladet*, 13 de diciembre de 2001, https://greatergood.berkeley.edu/video/item/can_awe_combat_narcissism

PIFF, P., «Can Awe Combat Narcissism?», en *Greater Good Magazine*, julio de 2016, https://greatergood.berkeley.edu/video/item/can_awe_combat_narcissism.

PIFF, P. K., P. Dietze, M. Feinberg, D. M. Stancato y D. Keltner, «Awe, the small self, and prosocial behavior», en *Journal of personality and social psychology*, núm. 108(6), 2015, pp. 883-899. También disponible en: https://www.apa.org/pubs/journals/releases/psp-pspi0000018.pdf

PILGRIM, L., J. I. Norris y J. Hackathorn, «Music is awesome: Influences of emotion, personality, and preference on experienced awe», en *Journal of Consumer Behaviour*, núm. 16(5), 2017, pp. 442-451.

QUESNEL, D., E. R. Stepanova, I. A. Aguilar, P. Pennefather y B. E. Riecke, «Creating AWE: artistic and scientific practices in research-based design for exploring a profound immersive installation», en *IEEE Games, Entertainment, Media Conference (GEM)*, 2018, pp. 200-207. También disponible en: https://www.researchgate.net/publication/329215913_Creating_AWE_Artistic_and_Scientific_Practices_in_Research-Based_Design_for_Exploring_a_Profound_Immersive_Installation

RUDD, M., C. Hildebrand y K. D. Vohs, «Inspired to create: Awe enhances openness to learning and the desire for experiential creation», en *Journal of Marketing Research*, núm. 55(5), 2018, pp. 766-781.

RUDD, M., K. D. Vohs y J. Aaker, «Awe expands people's perception of time, alters decision making, and enhances well-being», en *Psychological science*, núm. 23(10), 2012, pp. 1130-1136.

SHIOTA, M. L., «How Awe Transforms the Body and Mind», en *Greater Good Magazine*, agosto de 2016, https://greatergood.berkeley.edu/video/item/how_awe_transforms_the_body_and_mind

SILVA, J., «The revered gaze», *Shots of Awe*, https://www.youtube.com/watch?v=tRFt_bO8mIs

STANCATO, D. M., y D. Keltner, *op. cit.*

LA ESPIRITUALIDAD

Allen, S., *The Science of Awe. A white paper prepared for the John Templeton Foundation*, The Greater Good Science Center, UC Berkeley, 2018.

ALMQVIST, K., *Att läsa Jung*, Natur och Kultur, Estocolmo, 1997.

ALPER, B. A., «Millennials are less religious than older Americans, but just as spiritual», en *Pew Research Center*, 23 de noviembre de 2015, https://www.pewresearch.org/fact-tank/2015/11/23/millennials-are-less-religious-than-older-americans-but-just-as-spiritual/ *Association for Psychological Science*, «Experiencing Awe Increases Belief in the Supernatural», 25 de noviembre de 2013, https://www.sciencedaily.com/releases/2013/11/131125091627.htm

BERTHOLD, A., y W. Ruch, , «Satisfaction with life and character strengths of non-religious and religious people: It's practicing one's religion that makes the difference», en *Frontiers in Psychology*, núm. 5, 2014, 876. También disponible en: https://www.frontiersin.org/articles/10.3389/fpsyg.2014.00876/full

CHIRICO, A., y D. B. Yaden, «Awe: a self-transcendent and sometimes transformative emotion», en H. C. Lench (ed.), *The function of emotions: When and why emotions help us*, Springer, Cham, pp. 221-233.

D'ARDENNE, K., «Experiencing awe from science influences beliefs about God», en

ASU News, 18 de julio de 2019, https://
news.asu.edu/20190718-experiencing-awe-
science-influences-beliefs-about-god

FRANKL, V., *Livet måste ha en mening*, Natur och
Kultur akademisk, Estocolmo, 2006.

IHM, E. D., R. F. Paloutzian, M. Van Elk,
J. W. Schooler «Awe as a meaning making
emotion», en J. R. Feierman y L. Oviedo
(ed.), *The Evolution of Religion, Religiosity and
Theology: A Multi-Level and Multi-Disciplinary
Approach*, Routledge, Londres, 2019, pp.
138-153.

JAMES, W., *The varieties of religious experience, a
study in human nature*, Random House, Nueva
York, 1994

JOHNSON, K. A., J. W. Moon, M. A. Okun, M.
J. Scott, H. P. O'Rourke, J. N. Hook y A.
B. Cohen «Science, God, and the cosmos:
Science both erodes (via logic) and promotes
(via awe) belief in God», en *Journal of
Experimental Social Psychology*, 84, 2019.

MILLER, L., I. M. Balodis, C. H. McClintock,
J. Xu, C. M. Lacadie, R. Sinha, y M. N.
Potenza, «Neural correlates of personalized
spiritual experiences», en *Cerebral Cortex*,
núm. 29(6), 2019, pp. 2331-2338.

NILSSON, T., «Explosionsartat intresse för
yoga», en *Affärs Världen*, 6 de diciembre de
2016, https://www.affarsvarlden.se/livsstil/
explosionsartat-intresse-for-yoga-6810036

PRICE, S., «Emotional intelligence: Professor
Piercarlo Valdesolo on the power of awe»,
en *Claremont McKenna College*, 19 de diciembre
de 2018, https://www.cmc.edu/news/
emotional-intelligence-professor-piercarlo-
valdesolo-on-power-of-awe

Utforska Sinnet, «De tre grundprinciperna
bakom Viktor Frankls logoterapi», https://
utforskasinnet.se/de-tre-grundprinciperna-
bakom-viktor-frankls-logoterapi/

VALDESOLO, P., y J. Graham «Awe,
uncertainty, and agency detection», en
Psychological science, núm. 25(1), 2014,
pp. 170-178.

VALDESOLO, P., A. Shtulman y A. S. Baron
«Science is awe-some: The emotional
antecedents of science learning», en *Emotion
Review*, núm. 9(3), 2017, pp. 215-221.

YADEN, D. B., J. Haidt, R. W. Hood Jr,
D. R. Vago y A. B. Newberg «The varieties
of self-transcendent experience», en *Review*

of general psychology, núm. 21(2), 2017,
pp. 143-160.

YENKO, A., «Scientists Locate Spiritual
Part Of Brain Not Necessarily Activated
By Religion», en *Tech Times*, 4 de junio
de 2018, https://www.techtimes.com/
articles/229277/20180604/scientists-locate-
spiritual-part-of-brain-not-necessarily-
activated-by-religion.htm

WALTON, A. G., «Experiencing Awe May
Bridge The Gap Between Science And
Religion», en *Forbes*, 19 de julio de
2019, https://www.forbes.com/sites/
alicegwalton/2019/07/19/a-sense-of-awe-
may-bridge-the-gap-between-science-and-
religion/

LA COMUNIDAD

GABRIEL, S., E. Naidu, E. Paravati,
C. D. Morrison y K. Gainey «Creating
the sacred from the profane: Collective
effervescence and everyday activities», en
The Journal of Positive Psychology, núm. 15(1),
2020, pp. 129-154.

BACKLUND, A., «Forskare: Här är varför
människan alltid velat gå ut och dansa», en
Nyheter 24, https://nyheter24.se/nyheter/
forskning/857844-forskare-har-ar-varfor-
manniskan-alltid-velat-ga-utoch-dansa

BAER, D., «The primordial reason people
need to party», en *The Cut*, https://www.
thecut.com/2016/08/the-primordial-
reason-people-need-to-party.html

BAER, D., «Why being part of a crowd feels
so good», en *The Cut*, https://www.thecut.
com/2017/01/why-being-part-of-a-crowd-
feels-so-good.html

CUARTA PARTE
EL ASOMBRO DE CADA DÍA

ANDERSON, C. L., D. D. Dixson, M. Monroy
y D. Keltner «Are awe prone people
more curious? The relationship between
dispositional awe, curiosity, and academic
outcomes», en *Journal of personality*, núm.
88(4), 2019, pp. 762-779.

COSTIGAN, J., «A guide to stargazing at
Uluru – the ultimate night sky show in the
Northern Territory», en *Jetstar*, junio de
2018, https://www.jetstar.com/au/en/

inspiration/articles/northern-territory-stargazing-at-uluru

D'ARDENNE, K., «Experiencing awe from science influences beliefs about God», en *ASU News*, 18 de julio de 2019, https://news.asu.edu/20190718-experiencing-awe-science-influences-beliefs-about-god

DAO, A., «Emotional and Social Responses to Stargazing: What Does It Mean To Lose the Dark?», en *Honor Projects*, 180, 2016.

DIGIULIO, S., «Why scientists say experiencing awe can help you live your best life», en *Better*, 19 de febrero de 2019, https://www.nbcnews.com/better/lifestyle/why-scientists-say-experiencing-awe-can-help-you-live-your-ncna961826?fbclid=IwAR2JYYg0MW3urpFZm-F9593tHA-P_2GCsShzIEl6J_UZFuRfFPjVSQk9RzOw

EDWARDS, A. R., *Renewal: How Nature Awakens Our Creativity, Compassion, and Joy*, New Society Publishers, Gabriola Island, BC, Canadá, 2019.

HOROWITZ, A., *On Looking: Eleven Walks with Expert Eyes*, Scribner, Nueva York, 2013.

KASHDAN, T., *Curious? Discover the missing ingredient to a fulfilling life*, William Morrow & Co, Nueva York, 2009.

MCPHETRES, J., «Oh, the things you don't know: awe promotes awareness of knowledge gaps and science interest», en *Cognition and Emotion*, núm. 33(8), 2019, pp. 1599-1615.

NERENBERG, J., «The Science of Awe and Why It Matters at Work», en *Quiet Revolution*, 2022, https://quietrev.com/the-science-of-awe-and-why-it-matters-at-work/

Página web de Jonna Jinton, https://jonnajinton.se

PENMAN, D., *The Art of Breathing*, HQ, Londres, 2016 [*El arte de respirar*, Paidós, Barcelona, 2017.]

SOLNIT, R., *Wanderlust: Att gå till fots*, Rebecca, Daidalos, Gotemburgo, 2019. [*Wanderlust. Una historia del caminar*, Capitán Swing, Madrid, 2021.]

THOREAU, H. D., «Walking», en *The Atlantic*, junio de 1862, https://www.theatlantic.com/magazine/archive/1862/06/walking/304674/

QUINTA PARTE
EL FUTURO ES ASOMBROSO

BURANYI, S., «How Psychedelic Drugs Could Help Treat Addiction», en *VICE*, 5 de julio de 2016, https://www.vice.com/en_us/article/bmvdnm/how-psychedelic-drugs-psilocybin-lsd-could-help-treat-addiction

CARLBOM, M., «Magiska svampar på recept», en *Forskning.se*, 3 de octubre de 2019, https://www.forskning.se/2019/10/03/magiska-svampar-pa-recept/

CHIRICO, A., F. Ferrise, L. Cordella y A. Gaggioli «Designing awe in virtual reality: An experimental study», en *Frontiers in psychology*, 8, 2018, 2351. Disponible en: https://www.frontiersin.org/articles/10.3389/fpsyg.2017.02351/full

EKMAN, E., G. Agin-Liebes «Can a Psychedelic Experience Improve Your Life?», en *Greater Good Magazine*, 23 de octubre de 2019, https://greatergood.berkeley.edu/article/item/can_a_psychedelic_experience_improve_your_life

GROB, C. S., A. P. Bossis y R. R. Griffiths «Use of the classic hallucinogen psilocybin for treatment of existential distress associated with cancer», en *Psychological aspects of cancer*, Springer, Boston, MA, 2013, pp. 291-308.

HENDRICKS, P. S., *Awe: a putative mechanism underlying the effects of classic psychedelic-assisted psychotherapy*, en *International Review of Psychiatry*, núm. 30(4), 2018, pp. 331–342.

JOHNSON, M. W., y R. R. Griffiths «Potential therapeutic effects of psilocybin», en *Neurotherapeutics*, núm. 14(3), 2017, pp. 734-740.

Jungaberle, H., S. Thal, A. Zeuch, A. Rougemont-Bücking, M. Von Heyden, H. Aicher y M. Scheidegger «Positive psychology in the investigation of psychedelics and entactogens: A critical review», en *Neuropharmacology*, núm. 142, 2018, pp. 179-199.

KABIR, H., «Why We Need To Cultivate Awe In The Workplace», en *Dailygood*, 23 de julio de 2016, http://www.dailygood.org/story/1342/why-we-need-to-cultivate-awe-in-the-workplace/

Página web del Overview Institute, https://overviewinstitute.org

Quesnel, D., y Riecke, B. E., «Are you awed yet? How virtual reality gives us awe and goose bumps», en *Frontiers in psychology*, núm. 9, 2018, 2158. Disponible en: https://www.frontiersin.org/articles/10.3389/fpsyg.2018.02158/full

Silva, J., «The future of awe», *Shots of Awe*, https://www.youtube.com/watch?v=hm6cZ-7zEBE

Sample, I., «Scientists attempt to recreate 'Overview effect' from Earth», en *The Guardian*, 26 de diciembre de 2019, https://www.theguardian.com/science/2019/dec/26/scientists-attempt-to-recreate-overview-effect-from-earth

Wharton University of Pennsylvania, «The Power of Awe: Putting Its Benefits to Work», julio de 2017, https://executiveeducation.wharton.upenn.edu/thought-leadership/wharton-at-work/2017/07/the-power-of-awe/